本书系“2016年山西省高等哲学社会科学项目（项目编号：2016252）”资助项目

心理契约视域下新生代员工幸福感与离职倾向的研究

马 骊 著

知识产权出版社
全国百佳图书出版单位

图书在版编目（CIP）数据

心理契约视域下新生代员工幸福感与离职倾向的研究 / 马骊著 . —北京：知识产权出版社，2019.8

ISBN 978-7-5130-6285-5

Ⅰ . ①心…　Ⅱ . ①马…　Ⅲ . ①职工—幸福—研究　②职工—辞职—研究　Ⅳ . ① F241

中国版本图书馆 CIP 数据核字（2019）第 103531 号

内容提要

本书主要针对新生代员工的心理契约对幸福感以及离职倾向的影响进行研究，旨在为企业人力资源管理提供有价值的管理建议。主要分为理论阐述与实证分析两大部分。首先，提出研究问题，然后在对心理契约视域下新生代员工幸福感与离职倾向的相关文献梳理的基础上，概括出全文的整体框架，分析思路和方法，并提出本文的创新之处。其次，在对相关概念进行界定及理论阐述的基础上，分析了新生代员工的心理契约与幸福感、离职倾向的形成机理，通过数据收集，建立研究假设和有关心理契约与幸福感、离职倾向的理论模型并进行实证分析，最后结合前面的分析提出了具体的对策建议。

责任编辑：于晓菲　李　娟　　　　**责任印制**：孙婷婷

心理契约视域下新生代员工幸福感与离职倾向的研究

XINLI QIYUE SHIYUXIA XINSHENGDAI YUANGONG XINFUGAN YU LIZHI QINGXIANG DE YANJIU

马　骊　著

出版发行：知识产权出版社有限责任公司　　**网址**：http：//www. ipph. cn

http：//www. laichushu. com

电话：010–82004826

社址：北京市海淀区气象路 50 号院　　**邮编**：100081

责编电话：010–82000860 转 8363　　**责编邮箱**：laichushu@cnipr. com

发行电话：010–82000860 转 8101　　**发行传真**：010–82000893

印刷：北京九州迅驰传媒文化有限公司　　**经销**：各大网上书店、新华书店及相关专业书店

开本：787mm × 1092mm　1/16　　**印张**：14.75

版次：2019 年 8 月第 1 版　　**印次**：2019 年 8 月第 1 次印刷

字数：200 千字　　**定价**：66.00 元

ISBN 978-7-5130-6285-5

序　言

幸福，是人类一直追求的目标。关于幸福的问题，也是人类一直探索的问题。古今中外，一些哲学家、社会学家、心理学家均从不同层面对幸福进行了不同的诠释。马克思在《德意志意识形态》中曾指出，人类幸福的本质就是“个人向着完善个人的发展以及一切自发性的消除”。可以看出，幸福是物质与精神的统一，是需求与追求的统一，是劳动与享受的统一，是个人与社会的统一。

幸福感，是一种心理体验。人们的幸福感往往依赖于个体、社交需要、安全需要、尊重需要和自我实现需要的满足。当需要得到满足，个体就会趋于安定；当需要长期悬置，个体就会选择变通。对于现代企业而言，员工是企业的主体，员工幸福感的强烈与否，对企业的发展有一定的影响。当前，企业在发展过程中，对员工的心理关注还不够。特别是对“心理契约”的违背，往往造成员工和企业劳动关系的紧张，降低了员工对企业的忠诚度，甚至迫使员工产生离职倾向。而频繁的员工离职不仅会增加企业的人力成本，还可能会导致商业机密泄露、客户流失，进而对企业的可持续发展造成巨大的损失。

随着时代的发展，新生代员工已经逐渐成为企业的重要力量，其鲜明的个性对企业管理提出了新的挑战。如何找准员工和企业发展的契合点，将企业发展目标与员工个人目标有效结合，降低“劳动异化”所带来的负面作用，这是企业管理者们长期以来十分关注的问题。相关调查表明，在新生代员工的意识中，幸福生活与积极的工作态度呈正相关关系，平衡工作与家庭的关系已经成为新生代员工增强幸福感的重要组成部分。一些企业的管理者也已经认识到这一群体需求的特殊性，并试图通过管理方式的变革来提升他们的幸福感，从而增强其工作积极性，更好地推动企业目标的实现。

“心理契约”是美国著名管理心理学家施恩（E. H. Schein）教授提出的一个概念。这一概念的核心要义在于“个人将有所奉献与组织欲望有所获取之间，以及组织将针对个人期望收获而有所提供的一种配合”。心理契约的履行与员工幸福感的提升密切相关，并将直接对其工作态度和工作行为造成影响。

本书正是基于这一思路，从新生代员工的个体特征出发，通过对心理契约、幸福感和离职倾向的理论与实证研究，探讨它们之间的内在关系，并依据动态发展思维，从防止心理契约破坏及修复心理契约破裂等多重角度，提出了加强员工幸福感管理，并积极履行心理契约的建议，从而有效解决新生代员工离职率不断上升和流动意愿不断增强等一系列现实问题，进而对促进企业持续、稳定发展具有积极的意义。

（任利成）

2018 年 2 月 18 日

目　录

第一章　绪　论

21 世纪，人类进入知识爆炸与人才竞争的新时代。新生代员工作为现代企业的主力军，逐渐成为企业核心竞争力的重要人力资源，其行为对于企业的日常管理及经营绩效等具有举足轻重的影响。当前，企业处于高度复杂与快速多变的发展环境中，面临着激烈的市场竞争。为了应对挑战，企业不仅需要员工具备较高的技能，更重要的是获得员工的忠诚。同样，员工也不仅仅为了获取物质利益而向企业贡献自己的才华，而是更期望在企业实现自身的价值。因此，深入探讨企业和员工之间的心理契约及心理契约视域下新生代员工幸福感与离职倾向的问题，不仅具有一定的理论价值，而且具有重要的现实意义。

20世纪60年代,“心理契约”这一概念开始引入管理领域。与“正式雇佣契约”概念不同,它旨在强调员工和组织关系当中一种隐含的、未文字化的期望和要求。自 20 世纪 90 年代开始，关于心理契约的研究一直是学术界关注的热点。在当今时代，“心理契约”这一概念已经逐渐扩展到企业领域，特别为人力资源管理提供了许多新的思路，取得了良好的应用成果。心理契约是联结组织和个体的纽带，对员工的工作满意度、工作激情、工作归属感、工作幸福感、工作绩效等具有非常重要的影响。良好的心理契约会稳定组织和员工之间的关系，对员工能产生正向激励，有利于提高员工工作绩效和其对组织的认可度，从而促进企业的长足发展；而心理契约的违背则会对员工产生负面激励，导致员工归属感下降，甚至是员工的流失，不利于企业的发展。

目前在企业管理组织结构中，充实和完善的制度，带来了人力资源管理的规范化和有序化，而僵化的管理机制越来越成为组织部门进一步发展的障碍。不可否认，出现这种状况的原因是多方面的，但其中非常重要的原因之一就是组织无视员工的心理需求，使员工丧失进取的激情与参与管理服务和发展的“主人翁”意识。在这种情况下，人力资源管理的费用呈倍数增长，但组织的凝聚力和向心力却反而降低。而要解决这些问题就需要组织正确认识人力资源中的“人”，关注“人”的需求，贯彻落实“以人为本”的管理模式，实施关注员工心理的柔性管理。心理契约理论正是以满足员工心理需求为着眼点，研究如何提高员工的工作满意度和幸福感，激发员工的工作热情，提升企业凝聚力的组织行为学中的重要理论。因此，将“心理契约”这一概念引入企业管理部门，构建企业管理部门和员工之间良好的心理契约，对于提升员工的工作投入度、激发员工工作热情、提高其工作绩效、破解企业当前面临的压力具有重要意义。

1.1 问题的提出

1.1.1 幸福感是心理契约与工作绩效间强有力的心理纽带

幸福感是伴随着积极心理学和积极组织行为学的出现而逐渐被引入心理学和管理学领域的一个研究热点。幸福感起源于古希腊先哲们对幸福的探究，之后，这一概念被引入经济学领域，比如研究经济增长率对公民幸福感的影响。随着近代积极心理学和积极组织行为学的出现，幸福感的研究被扩展到心理学、管理学领域。如今，工作几乎占据了一个人生命中 1/3 的时间，工作幸福不幸福，与人的整体生活质量休戚相关。对于当代人而言，员工的工作负荷沉重，收入与生活成本难成正比，人际关系较为复杂，用人单位强加给员工的工作压力普遍偏大，在此情景下对于幸福感的研究就更具现实意义。

幸福是人生追求的目标。对于个体来说，个体幸福感对个人的生活质量和人际关系及行为产生深刻影响，最终会影响到社会是否和谐。对于企业来说，组织应通过建立幸福人性假设、营造幸福心理氛围、履行员工幸福契约，提升员工幸福感，促进工作绩效提升。

幸福感期望理论认为，当诉求与满足相契合时，员工将获得较高幸福感，并间接提高工作绩效。员工工作幸福感是期望与实际收获之间的差距，当实际收获低于期望值时，工作幸福感将受到严重影响。同时，感受到心理契约破坏的员工会产生许多负面情绪，如忧虑、愤怒等，从而对工作绩效产生负面影响。心理契约与员工幸福感的概念模型如图 1.1 所示。

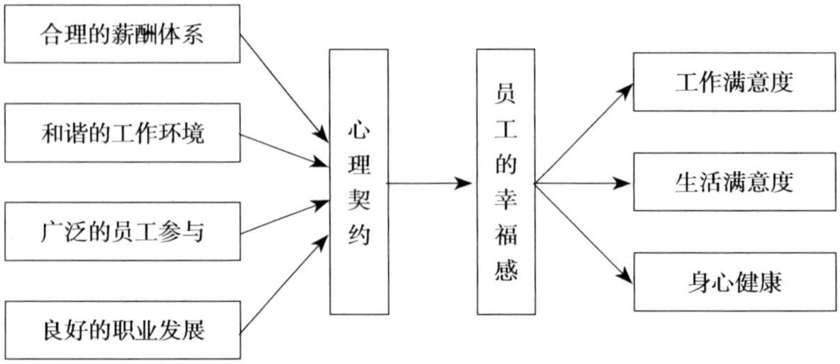

图 1.1　心理契约与员工幸福感的概念模型

1.1.2　心理契约的实现提升员工幸福感，降低离职倾向

目前，心理契约的研究是人力资源、组织行为学和心理学等领域兴起的一个热门课题。随着知识经济时代的到来，由于竞争全球化、企业组织调整（战略联盟、业务外包、组织扁平化）、人员精简、组织变革等全球大环境的影响，一些劳动关系的矛盾逐步凸显。和谐劳动关系是和谐社会的基础，构建和谐劳动关系是当今社会的重要课题之一。

在企业组织结构调整、雇佣关系改变的过程中，心理契约是最敏感、最集中反映这种变化的核心因素。许多组织行为学专家普遍认为，心理契约对组织中人的态度和行为具有重要的影响。为了有效地调整和控制组织行为，使组织效率好、员工满意度高，构建和谐的劳动关系，研究组织中的心理契约是一条有效的途径。

心理契约的核心是员工的幸福感，员工的心理契约和幸福感之间具有直接的正向关系。按照幸福感期望理论，当个体的需求得到满足后，员工的幸福感就会得到提升，员工的心理幸福感越高，其对组织就具有较高的忠诚度，由此降低了员工的离职倾向。而当员工的心理契约遭到破坏时，员工对组织的忠诚度就会降低，并会产生许多消极情绪，如离职倾向。

员工离职行为的产生是由个体心理变化到行为变化的一系列过程，而离职倾向是员工心理过程的体现，这是一个不容易被察觉的过程。离职意愿是员工在一段时期内产生的离开企业或者组织的主观上的愿望，反映了员工对组织的依赖程度的变化。当员工和组织之间的心理契约没有履行或是履行无法达到期望后，员工对于组织的认同感、忠诚度就会降低，从而就会产生离职倾向。因此，员工的心理契约实现状况可以减少他们的离职动机，即员工心理契约的实现率越高，员工离职的可能性就越小；而当员工的心理契约缺口已经存在时，员工的离职愿望就会增强，继续留下来的愿望就会减弱，从而引导员工的离职行为。研究者们对此有两种解释：第一，心理契约缺口的存在破坏了员工对社会交换关系的信任，从而引发员工对组织的认同危机和离职意愿的增加；第二，心理契约缺口作为一种负面的刺激事件，使员工产生消极的情绪体验，同时这种已经产生的负面情绪又会反过来继续负面地影响员工的态度，并进一步恶化。

同理，职业幸福感的高低也是导致员工离职行为的重要因素。为保证企业人力资源的稳定性，就必须提升员工的职业幸福感。新生代员工一般具有极强的流动意愿和挑战心理，因此有必要让他们到工作中感受自我燃烧与奋进带来的喜悦，从而提升职业幸福感。实践表明，员工主观幸福感的程度会直接影响员工的工作积极性，它与员工流失率、缺勤率之间存在明显的联系。主要表现为：当员工在工作中能够得到肯定，使其价值得到充分发挥和实现，并且企业能支付足够的回报时，员工的工作满意度就会很高，不容易出现离职行为;反之，员工的满意度会降低，容易出现离职行为。

1.2 国内外相关研究综述

尽管国内外学者们对心理契约视域下新生代员工幸福感与离职倾向持有不同的看法，但从本质上看，新生代员工是促进企业发展和创新的重要力量，心理契约对新生代员工创造力的发挥具有重要作用。本节分别从心理契约、员工幸福感及离职倾向三者的关系进行相关理论综述。

1.2.1 心理契约的提出、维度及发展

20世纪20年代,梅奥在霍桑试验中对非物质因素如组织对员工的关心程度、群体规范和员工报酬等问题的关注，可以说是对心理契约内容的最早研究。而有关心理契约理论的起源和它的早期发展可以追溯到Argyris、Levinson和Price等人的工作。其中Argyris（1960）认为，“员工与组织的相互关系除了正式的经济契约（劳动契约，体现在雇佣劳动合同里）规定的内容之外，还存在着隐含的、非正式的、未公开的相互期望，它们构成了心理契约的内容”。也就是说，心理契约是一种主观契约的形式，它的内容更多是非正式的、书面合同没有涉及的方面。

一般而言，心理契约包含良好的工作环境、任务与职业取向的吻合、安全与归属感、报酬、价值认同、培训与发展的机会、晋升等几方面的期望。心

理契约的主体是员工，衡量员工在企业中心理状态的三个基本概念是工作满意度、工作参与和组织承诺。在企业这样的以经济活动为主的组织中，员工的工作满意度是企业心理契约管理的重点和关键。心理契约管理的目的，就是通过人力资源管理提高员工的工作满意度，并进一步增强员工对组织的强烈归属感和对工作的高度投入。因此，企业要想实现对人力资源的最有效配置，就必须全面介入心理契约的 EAR 循环，通过影响 EAR（Establishing，Adjusting，Realization）循环来实现对员工的期望。所谓 EAR 循环，是指心理契约建立（Establishing，E 阶段）、调整（Adjusting，A 阶段）和实现（Realization，R 阶段）的过程。

为了进一步了解员工的期望，并使员工明确企业及其所在部门的现状及未来的发展状况，从而帮助其建立一个合理预期，促使其趋同预期而努力工作，许多学者进行了大量的实证研究，如 Rousseau（1990）第一个通过实证研究提炼出八项雇员责任（加班工作、忠诚、自愿从事职责外的工作、离职前预先通知、接受内部工作调整、不帮助竞争对手、保守公司商业秘密、在公司至少工作两年）和七项雇主责任（提升、高额报酬、绩效奖励、培训、长期工作保障、职业发展、人事支持）。之后，Robinson（1991）、Rousseau（1994）和 Kraatz（1994）在此研究基础上进一步进行实证分析，认为雇员心理契约中的雇主责任有七个方面（内容丰富的工作、公平的报酬、成长和晋升的机会、充分的工具、丰富的资源、支持性的工作环境和有吸引力的福利）；雇主心理契约中的雇员责任有八个方面（对组织忠诚、加班工作、自愿做分外工作、接受工作调动、拒绝支持竞争对手、为组织保密、离职前提前告知及至少在组织工作 2 年）。Schalk（2001）和 Freese（2003）认为，雇员心理契约中的雇主责任由工作内容、人力资源制度、激励制度、个人发展和社会交往等几方面构成。比较研究还发现，雇员和雇主对“组织责任”的要求存在着明显的差异，员工比较强调薪资、工作稳定和安全，而雇主则比较强调理解、福利和友善。雇员和雇主对“员工责任”的要求也存在着差异，雇主更强调忠诚，而员工更强调体现组织形象、爱护资产。

由以上研究可以看出，心理契约是个相当复杂的心理结构，具有个体性、动态性、社会性和主观性的特点，每位研究者对员工心理契约研究的维度及内容存在着较大差异，但较为主流的有二维结构说、三维结构学说和多维结构学说三种观点。

一是二维结构理论。Macneil 是最早对心理契约维度进行区分的学者，在 1985 年的研究中他认为员工与组织之间的契约分为两类，分别是交易型心理契约和关系型心理契约，提出了“交易—关系”二维结构模型。其中交易型心理契约指的是组织与员工之间的经济交换，而关系型心理契约是指组织与员工之间的情感交换。学者们在这一理论模型的基础上做了进一步的研究。Rousseau（1995）研究发现，心理契约的分类与 Macneil 相同，验证了 Macneil 的理论。其中交易型契约反映了员工通过工作职责之外的活动，换取诸如高额工资、晋升机会等，这种契约是以经济交换为基础的。关系契约反映的是双方建立长久关系的意愿，员工拥有长期雇佣保障，组织拥有高忠诚度员工，这种契约是以情感交换为基础的。除了“交易—关系”两维度模型外，Kichul 和 Lester（2001）提出了内在契约和外在契约，他们认为外在契约与组织提供的工作条件有关，例如工作环境、工作时间和工资水平；内在契约更多与工作本身性质有关，例如工作自主权和挑战性。

二是三维结构理论。随着研究的不断发展，有学者提出了不同于心理契约二维结构的观点，即心理契约的三维结构说。三维度结构说又有国外和国内两个版本。国外的三维度结构说主要将心理契约维度分为交易型心理契约、关系型心理契约和团队成员心理契约，其中交易型心理契约关注员工和组织之间的经济交换，关系型心理契约关注员工和组织之间的情感交换，而团队成员心理契约关注员工和组织之间的团队沟通。国内的三维度结构说将心理契约分为了规范型心理契约、人际型心理契约和发展型心理契约三个维度，其中规范型责任等同于交易型责任，人际型责任等同于关系型责任，而发展型责任指的是员工在组织中的晋升、培训和自我激发、主观能动性的创造等。

三是多维结构理论。Rousseau（1995）根据是否有明确的绩效要求和雇佣期限的长短两个相关因素，经过组合，得出了四维度的心理契约模型，即交易型、关系型、过渡型和平衡型。Barksdale 和 Shore（1998）认为，应该根据员工责任与组织责任之间的关系来分析心理契约的维度，提出应根据不同水平的员工责任对应不同水平的组织责任，划分出高高型、高低型、低高型和低低型四种心理契约。他们认为该划分能预测员工的工作态度和工作行为。此外，我国学者在中国情境下采用这一理论进行研究，发现员工的工作态度因不同的契约而存在显著差别。

尽管国外众多学者都对心理契约进行了深入研究，但对于心理契约理论的探讨和争论一直都很激烈。对此，我国学者和专家也有很多独特的见解。国内学者程兆谦（2001）指出，心理契约是存在于员工和企业之间的一种隐性契约，它包括“个人目标、组织目标、承诺的契合程度及在组织经历基础之上的情感契合关系”。他强调了心理契约具有隐性的特点，并且是一种双边的关系，这为我国企业构建良好的心理契约下的激励机制模式指明了方向。丁容贵和张体勤（2002）也在前人研究的基础上对心理契约提出了自己的观点。他们认为，心理契约是契约双方相互知觉但不一定明确表达出来的一系列期望。心理契约作为企业与员工之间的一种契约，虽然是无形的，但还是应该包含双方的心理期望。岳志春和张晓蕊（2007）认为，心理契约由员工满意度、工作参与度、组织承诺三个基本因素构成。其中，员工满意度代表了员工对企业的心理感受，工作参与度代表了员工在行为上对工作的认可程度，组织承诺代表了员工对企业的不同程度投入，隐含了员工的稳定性，影响这三个基本结构的因素都是影响心理契约的因素。金艾裙（2011）以高校青年教师作为为对象进行研究，发现影响青年教师心理契约的因素分为三个方面：个人收入、公平公正及价值认同感、自我发展和自我实现机会。王京安、徐昕（2013）通过对心理契约的交易型导向和关系型导向进行研究，发现个体主义者和集体主义者对心理契约有不同影响，个体文化特征会对心理契约产生影响。王盛等人（2014）在总结前人研究的基础上认为心理契约形成的影响因素包括与社会、组织相关的外部因素和与个体相关的内部因素。黄文平等（2015）认为影响团队心理契约的因素包括个体友谊、团队成员关系、信任关系、人际冲突等。

1.2.2　幸福感的提出及发展

对于幸福感的概念，最早可以追溯到古希腊的苏格拉底时期，他提出追求善是人们获得幸福的保障。之后，亚里士多德和柏拉图发展和完善了苏格拉底的理论。亚里士多德更是从哲学的角度思辨地提出了幸福感的完整理论。

他提出幸福的最高境界就是善，能够实现善，即可得到幸福。此外，他还提出了实现幸福的外在条件，并将人分为三种，分别指出三种不同的人对幸福的不同理解。

20 世纪中期以后，欧美国家加快了工业化进程，但相伴而生的是人的异化的出现，人的精神世界开始出现扭曲，社会生产效率开始下降，资本家们由此开始关注员工的幸福感问题，对幸福感的系列研究开始出现。首次提出幸福感概念的是美国学者罗伯特·莱恩，他认为收入与幸福感之间呈倒 U 型的线性关系，认为随着人们收入的增加，幸福感也会逐渐增加，并在一个点时达到最大，之后出现边际幸福感递减。随后，不同的学者又从不同的角度对幸福感的概念进行界定。但总体可以将幸福感分为主观幸福感和心理幸福感两大类。

对于幸福感进行深入的研究始于 Wamer Wilson（1967）所写的一篇关于幸福感相关因素的研究论文，他不仅对个人主观上的幸福进行了归纳概括，更创新性地提出了个体的认知风格对主观幸福感的影响，他提出一个人是否感到幸福，以及他所体验到的幸福水平高低与他的期望水平、价值观及其他个体因素相关。Bradburn（1969）从心理层面定义了幸福感，认为幸福感即一定时期内正向情绪与消极情绪的相互制衡，个体更多地体会到积极的情绪，较少体验消极情绪。Andrews 和 Withey（1976）除了从心理层面定义幸福感，还谈到了生活满意度，认为幸福感就是个体正向情绪和负向情绪的权衡，以及对整体生活满意程度的感知。Lucasetal（1996）、Lucas（2001）等人提出了与他们类似的观点。

当前，幸福感已经成了许多领域的研究课题。Dirsken（1990）认为，幸福感是个人对于过去与现在事件影响的体会及感受。Lucasetal（1996）指出，幸福感由三个相互独立的方面构成，即正向情感、较少的负向情感与生活满意度。Diener 等人（2004）在总结前人观点的基础上，指出可将工作幸福感分为工作中的积极情感、工作中的消极情感、对于工作的整体满意度和对于工作不同领域的满意度。而作为心理幸福感的代表人物 Ryff（1989）认为，幸福感不应该只简化为对生活满意的情绪，还应该包括重要的积极性功能的层面。她根据人类发展模式提出幸福感的多维模型，认为人类的幸福感可以从自主性、环境驾驭、个人成长、积极的人际关系、生活目标和自我接受等多个维度进行测量。万黎和夏凌翔（2004）将幸福感与人格特质联系起来，认为幸福感是健全人格的因素之一。李焰和赵君（2005）认为，幸福感是对个体心理健康与否的一种评价，其着重强调对个体心理健康层面的正面评价。高红英和苗元江（2006）认为，幸福感是个体根据自己内化了的社会标准对自己生活质量的一种评估，并通过对比表现出的一种积极情绪的心理状态。孙艳普（2012）指出在人力资源管理中实施幸福管理有利于延长员工幸福感，有利于提升员工从相对报酬中获得的公平感，有利于员工获得更多脉冲式的幸福与快乐，并且他还从企业人力资源管理角度出发探讨如何实施幸福管理，指出企业应当重视员工工作幸福感，构筑基于胜任力的管理模型体系。詹宏陆（2014）指出进行幸福管理、提升员工幸福感有利于提高企业的生产能力。黄雪嫔（2016）从人力资源管理角度分析了企业实现员工幸福管理的措施，包括完善企业人力资源规划、在时间与空间上有效配置人力资源、注重员工综合素质提升、加强与员工的沟通等。

1.2.3 心理契约与员工幸福感关系的国内外研究

幸福感期望理论认为，当诉求与满足相契合时，员工将获得较高幸福感，特别是获得较高心理幸福感，并间接提高工作绩效。工作幸福感与工作参与和工作意义有关。企业组织应创造一个工作幸福感水平较高的环境，这样更有利于生产力的提高和留住员工（Proudfoot，Corr，& Guest，et al.，2009）。Kemakon（2011）认为，工作特征、员工对企业的责任、员工的年龄和工龄影响员工的工作幸福感，并指出心理契约在一定程度上有利于工作幸福感的提升。Erdogan 等人（2012）提出了一种关于工作幸福感状态的观点，即幸福感取决于对环境的满意程度，适合的领导力、职业发展、工作特征和人际环境，有助于员工加深对工作幸福感的深层次理解。Slemp 和 Vella Brodrick（2014）研究发现，工作任务、人际关系和工作塑造可以提高工作幸福感。工作幸福感较高的员工在工作中更能够发挥自身长处和参与作用，从而利用自身优势实现更高的目标。工作幸福感水平较高的组织，对组织内部及外部员工都将有更高的吸引力（Davis，2016）。此外，Etkin 和 Mogilner（2016）的研究结果表明，花费在各种活动上的主观感知时间不是实际时间，会影响个体的幸福感。当投入更长的时间时，员工对参与活动有更高的幸福感水平，而投入较短的时间则相反。同时，当心理诉求与满足相契合时，员工的幸福感水平会大大提高。Bakker 和 Oerlemans（2016）认为，对组织认同度较高、高度敬业的员工及通过参与工作满足自身心理需求的员工，其工作幸福感水平较高；而高度倦怠的员工在完成工作任务时，则具有较低的工作幸福感。除此之外，当工作任务受到激励时，个体更可能在这些任务中找到心理满足感，并体验到更高水平的幸福感。

国内学者李晓（2005）在研究中发现当员工心理契约遭到违背，其工作积极性会降低，从而产生消极怠工情绪。魏峰和任胜刚（2008）发现组织交易型心理契约违背完全通过满意度对管理者行为发生作用，会直接造成员工的不满情绪，间接降低员工的幸福感。杨欣欣（2009）认为组织支持感和组织承诺越高，员工的工作幸福感就越高。陈刚（2010）通过对66家企业进行问卷调查，使用回归分析的方法对假设进行了检验并进行了实证分析，其研究结果表明：员工心理契约和员工心理幸福感有十分显著的直接正向影响，心理契约能够促进工作幸福感的提升，进而提高工作绩效。冯骥（2009）选取477名某市企事业单位及政府公务员作为调查对象，建立了员工对组织责任、组织对员工责任、心理契约类型与幸福感和工作绩效关系模型，并对模型进行实证研究后发现：心理幸福感是心理契约与工作绩效间强有力的心理纽带。企业组织应通过建立幸福人性假设、创造幸福心理氛围、履行员工幸福契约，维护员工幸福感，促进工作绩效提升。马娜超（2015）认为心理契约违背对幸福感有显著的负影响。刘彬（2016）研究发现，工作幸福感可以有助于员工更加努力工作，从而对其工作绩效具有正向影响。

1.2.4 心理契约与员工离职倾向关系的国内外研究

新生代员工作为企业中重要的人才资源，掌握着行业的核心技能、有丰富的专业知识和较高的工作效率，更愿意接受富有挑战性和创新性的工作，同时也希望公司提供更多的培训机会和较高的薪酬福利。心理契约是组织和员工之间一种隐形的合同，双方对心理契约的认知和履行都会对其造成不同程度的影响。员工离职历来是组织管理者和研究者关注的焦点问题（Hom，Mitchell，& Lee，et al.，2012）。随着研究的推进，学者们开始探讨工作任务特征、领导与组织行为等更为可控的外在因素对离职倾向的影响。

Kotter（1973）发现，组织与员工期望的匹配度越高，员工的工作满意度越高，离职率越低。Mobley（1977）认为离职倾向是员工在组织工作一段时间以后，对自身实际工作情况与期望相比较而产生的一种对现实不满的离职意愿。它与实际的离职行为不同，实际的离职行为主要有三种类型：第一种是自愿离职，主要指员工综合考虑各种因素以后产生的主动离职行为；第二种是非自愿离职，主要指组织综合考虑各种因素后产生的辞退行为；第三种是自然离职，主要指由于客观原因或不可抗因素产生的员工离职现象。一般情况下，只有员工自愿离职会对组织造成更大的损失，造成不可控制的人才流失。同时，还有一些学者从心理契约违背的角度进行了研究。如Guzzo（1994）在研究中发现，当员工和组织之间的心理契约遭到违背，员工对于组织的认同感、忠诚度就会降低，从而就会产生较高的离职率。Tumley（1999）通过研究发现，员工与组织之间的心理契约关系破裂会增加员工的离职倾向，甚至产生实际的离职行为。Robinson等人经过多次研究发现，当组织成员发现心理契约遭到破坏或是没有履行时，他们就会产生消极的工作行为，工作绩效越来越低，离职率越来越高。Tumley等人（2000）发现，心理契约没有履行或是破裂，将会使员工的组织公民行为减少，增加员工的离职倾向，甚至产生实际离职行为。Johnson和O'Leary-Kelly（2003）认为，如果组织没有履行招聘时做出的承诺，就可能会引发员工心理契约破裂，进而会产生离职倾向。Jungtak，Bokyoung 和 Hyeoncheol（2011）通过对厨房工作人员的调查研究发现，员工的工作不安全感与工作压力呈正相关，工作压力大易导致其离职倾向的产生。因此，为了减少员工的离职倾向，需要尽量减少工作不安全感在人力资源管理中的不利影响。Lee，Kim 和 Yoon（2011）对护士离职倾向进行调查，结果发现员工工作压力与其离职倾向呈显著正相关。Vandenberghe，Panaccio 和 Bentein（2011）的研究表明，员工的离职倾向随着工作压力水平的提高而增加。Choi，Chung 和 Park（2013）的研究表明，员工工作压力大导致其离职倾向的产生。为了减少离职倾向，可以使用明智的沟通方法，引入有效的冲突解决机制，减轻员工工作压力，从而减少其离职倾向。Park 和 Ahn（2015）对 419 名护士进行调查结果发现，心理契约破裂和离职倾向呈显著正相关。Min-Gyeong（2016）对工作时间少于 9 小时的员工与平均工作时间更高的员工分别进行调查，结果显示，员工的工作压力与工作倦怠呈正相关，与离职倾向呈显著正相关。

国内学者李晓（2005）通过调查研究发现，如果员工的心理契约没有履行或履行不到位，员工就会对工作产生倦怠感，进而会产生离职倾向。李原（2006）针对员工对组织的期望和员工感知到组织所兑现的责任之间的差异进行了心理契约的研究。他发现，当两者之差小于零时，表明员工之前对组织的期望比较小或是组织所兑现的责任比较大，使得员工对组织很满意；当两者之差为零的时，则表明员工认为企业没有违背心理契约；当两者之差大于零时，就表明员工对企业的期望过高或企业所承担的责任没到位，员工就会认为企业违背了心理契约。吴玉（2007）在他的研究过程中发现，心理契约主要包含三个维度：发展机会维度、物质激励维度和环境支持维度，这三个维度均与离职倾向存在显著的负相关性。何发平和唐琦明（2008）的研究结果表明，当员工和组织之间的心理契约破裂后，将会对员工的离职行为产生很大程度的影响。陈孟君（2014）对国内小微企业的知识型员工进行了研究，基于知识型员工应聘阶段、入职适应阶段、稳定阶段、离职阶段这四个不同阶段的心理契约的动态变化建立模型，从发展机会、物质待遇和环境支持三个维度提出了控制知识型员工离职率的对策。何小文（2016）结合 Mobley（1977）离职动因模型和 McFillen（1986）离职模型，构建了心理契约违背、工作疏离感、离职倾向、心理弹性之间的关系模型，结果表明心理契约违背对员工离职倾向有显著正向影响。丁晨光（2018）证明了新生代员工心理契约破裂会导致组织认同感降低进而导致离职行为。此外，学者们对工作压力和离职倾向的调查研究表明,员工工作压力与其离职倾向呈显著正相关（聂琼，叶茂春，2015；赵青华，2015；林武，2016；宋丹，谭江涛，2016；孙雪平，胡敏，等，2017；倪渊，2017）。

从总体上看，国内外相关研究均表明心理契约与离职倾向呈现负相关关系，心理契约违背对离职倾向有正向的影响。同时，心理契约与员工离职之间存在着诸多复杂的中间变量，不同地区、不同领域的具体情况都应具体分析。

1.2.5 员工幸福感和离职倾向关系的国内外研究

通过文献和相关资料的查阅，国内外对幸福感的研究自 20 世纪 60 年代逐步发展完善，不同的学者对主观幸福感的内在机制有着不同的理论解释。员工的幸福感越高表明员工对工作、对生活越满意，其离职意愿就越低。相反，员工的幸福感越低，则表明在工作、生活和心理状态等方面感到不满意，从而表现出较高的离职意愿。

对于幸福感与离职倾向的关系，国外学者 Preacher 和 Hayes（2007）验证了工作幸福感与员工离职倾向两个变量之间的显著负相关关系。Chau，Dahling 和 Jason 等人（2009）的研究表明，工作幸福感与离职倾向之间显著负相关。Fisher（2010）指出，工作满意度将注意力放在了对快乐和爱好的享乐式体验上，缺乏客观的评价，如学习和发展、成长和进步等。而工作幸福感恰能弥补工作满意度在客观评价方面的不足，它既可以包括情感评价，又可以包括认知评价。不仅如此，工作幸福感作为员工的心理状态越来越受“90 后”员工的重视。研究显示，长期缺乏工作幸福感是这些新生代员工离职的重要原因。Vandenberghe，Panaccio 和 Bentein（2011）认为，员工的工作幸福感、情感承诺水平和工作满意度都与员工的离职倾向显著负相关，即随着员工工作幸福感水平的提高，其离职倾向会下降。Poon（2012）发现，当员工感觉到自身所处环境令人厌恶时，他们将试图逃离这种环境。也就是说，当员工过度承受工作压力，其将产生离职倾向，以使自己回归到内心愉悦的状态。而 Benjamin（2012）的研究结果也证实，员工对工作的幸福感、满意度越高，其离职倾向也就越低。Wright（2012）认为工作幸福感是员工对工作的一项认知评价及一种积极情感。Saeed，Waseem 和 Sikander 等人（2014）的研究表明，拥有工作幸福感强的员工，对组织忠诚度较高，转移到其他组织的愿望很低，离职倾向也较低。

国内学者普遍认为，员工工作幸福感与离职倾向二者之间存在显著负相关关系。学者罗力（2011）探究了知识型员工的工作压力、工作幸福感与离职倾向的关系。其研究指出,知识型员工总体工作幸福感与离职倾向呈负相关，工作幸福感对离职倾向有较强的预测作用。陈思邈和张伟（2013）研究表明，组织中员工的幸福感越高,其离职倾向越低。钱龙和钱文荣（2015）研究发现，谋生价值和职业价值满意度对离职意愿有显著的负向影响，两个变量的提升会降低员工的离职意愿。尹彦婳（2015）对新生代员工工作家庭冲突、幸福感与离职倾向的研究表明，新生代员工总体工作幸福感与离职倾向呈显著负相关。王伟（2015）研究指出，幸福感及其各维度与离职倾向呈显著负相关，并且幸福感对离职倾向具有一定的负向预测能力。吕勤和吴玉华（2016）对饭店员工的幸福感和离职倾向进行调查发现，员工的幸福感显著负向影响其离职倾向。

工作幸福感对离职倾向的影响固然重要，但在实际生活中，生活幸福感的影响也是不容忽视的。人们因年龄、学历、不同的生活状态在生活中的获得感，对自己生活状况的满意度是有不同影响的。

综上所述，国内外学者的研究表明，心理契约和幸福感对离职倾向呈显著的负相关影响，心理契约对幸福感有正向的促进作用。心理契约、幸福感与离职倾向三者之间的作用机制如图 1.2 所示。

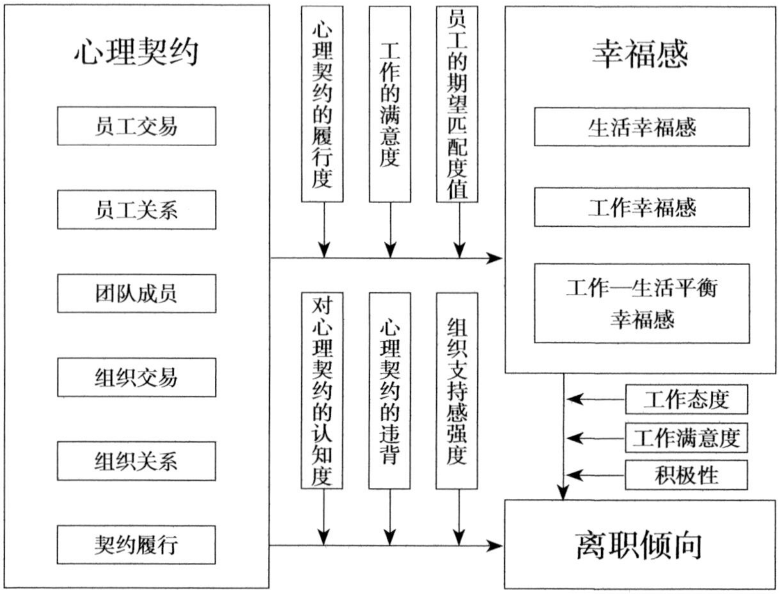

图 1.2　心理契约、幸福感与离职倾向的作用机理图

1.2.6　研究述评

根据以上对心理契约、员工幸福感及离职倾向三者关系的文献梳理，结合国内外近几年员工在心理契约视域下幸福感与离职倾向的发展现状，可知新生代员工的幸福感与离职问题已经引起了国内外学者和企业管理者的普遍关注。总的来说，关于心理契约、员工幸福感及离职倾向的研究国外起步更早，中国关于这方面的研究是在国外已有研究的基础上发展起来的，目前虽然已经取得了很多成果，但是也难免存在一些问题。例如，主要集中在个体层面和组织层面中的普通员工或者基层员工方面，而且每篇文章的研究对象基本出自同一企业或同一公共部门，导致研究成果适用性不高，缺乏针对其他行业的指导性。因此，今后的研究应该更多地关注工作含金量更高的管理层人员。此外，由以往的文献可知，研究中选择的企业类型大多以传统企业为背景，以一线员工为主体，缺少以互联网企业、平台生态系统、创新型企业为背景的研究。目前，创新型企业是企业界冉冉升起的新星，需要更多地关注这类企业员工的幸福感研究。本书认为，心理契约和幸福感都能对员工的离职倾向产生影响，但是在实际工作和生活过程中，心理契约违背会降低员工的幸福感，包括生活幸福感、工作幸福感和工作—家庭平衡幸福感。当员工的工作幸福感水平降到一定程度后，就会产生离职倾向。基于此，本书主要针对新生代员工的心理契约对幸福感及离职倾向的影响进行研究，旨在为企业人力资源管理提供有价值的管理建议。

1.3 研究意义

随着知识经济时代的到来，新生代员工已经成为企业发展的中坚力量。新生代员工敢想敢做敢尝试，把工作作为一种生活体验与体现自我存在和自我价值的方式和手段。然而，互联网时代新生代员工面临的不确定性日益增加，由此带来新生代员工的幸福感及离职倾向等一系列问题在很大程度上影响着他们对工作的态度，最终会影响组织绩效。也就是说，充分了解心理契约对新生代员工的意义和作用，对他们工作绩效的改善和提升有显著影响，在现实工作中具有较强的指导意义。

1.3.1 理论意义

心理契约已成为当前企业人力资源管理研究中的一个重要方向。目前，心理契约的研究相对较为成熟，而对于企业人力资本的核心载体——新生代员工这一特定群体，却缺乏针对性的研究。由于新生代员工的特殊性，普适性的心理契约的维度划分显然不一定适用，因而本书以心理契约的视角研究新生代员工的幸福感及离职倾向的影响机制，对于心理契约和组织公民行为领域的研究能起到一定的补充作用。

1.3.2 现实意义

员工离职是企业无法避免并重点关注的问题。员工的工作幸福感与其人际关系、心理契约及职业前景均有关系。本书针对新生代员工的价值观念和心理因素等特点，研究心理契约视角下新生代员工幸福感与其离职倾向之间的关系，探索企业如何开发利用新生代员工的心理契约、满足员工的职业期望，提高员工个体的职业满意度与幸福感，从而提高企业整体的工作效益，创新符合群体特点的管理制度和管理方法，不仅对于企业加强对新生代员工的管理起到一定的指导作用，而且对于调动新生代员工的工作积极性有着重要的现实意义。

1.4　研究内容及思路

本书分为理论阐述与实证分析两大部分。首先，提出研究问题，然后在对心理契约视域下新生代员工幸福感与离职倾向的相关文献进行梳理，在此基础上，概括出全书的整体框架。其次，在对相关概念进行界定及理论阐述的基础上，分析了新生代员工的心理契约与幸福感、离职倾向的形成机理；通过数据收集，建立研究假设和有关心理契约与幸福感、离职倾向的理论模型并进行实证分析；结合前面的分析提出了具体的对策建议。各章的内容具体安排如下。本书的技术线路图 1.3 所示。

第一章　绪论。主要论述了本书的研究背景、国内外相关理论综述、研究意义、研究内容及思路、研究方法，并初步总结了本书的创新点。

第二章　概念的界定及相关理论基础。本章首先阐述了心理契约、幸福感与离职倾向的内涵、特性，其次对组织行为学、人力资源管理、新生代员工和心理契约的相关理论进行论述，为后续的研究奠定了理论基础。

第三章　研究设计。本章首先对研究对象及研究变量进行界定并解释说明，然后提出本书的研究模型和研究假设，最后分析样本情况。

第四章　实证分析。本章首先对心理契约、幸福感和离职倾向三个变量进行信度及效度检验，以此来确定测量量表的内部一致性和有效性；其次通过相关分析对变量间的相关性在方向上和大小上进行初步的判断；最后采用回归分析的方法对变量间的因果关系进行判断。

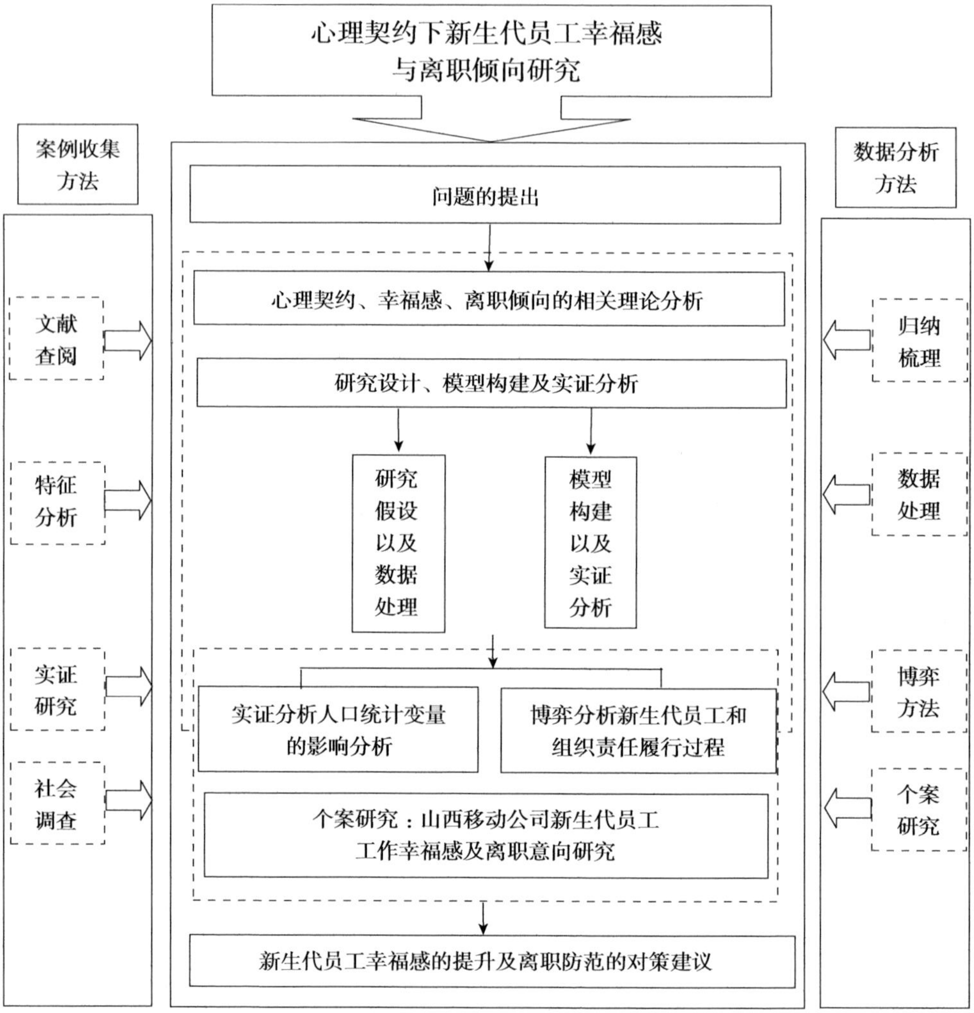

图 1.3　本书的技术线路图

第五章　新生代员工心理契约的博弈分析。本章运用经济学博弈论的理论，研究新生代员工和组织责任履行过程中的博弈行为，通过计算得出复制者动态方程的雅可比矩阵，分析局部稳定性并得出演化稳定策略，并对不同条件下的演化稳定策略进行分析。

第六章　个案研究。本章通过结构方程对山西移动公司新生代员工工作幸福感及离职意向进行研究分析，为后续的理论与实践研究提供了现实依据，对企业进一步提升员工的工作投入度、激发员工工作热情、提高工作绩效、破解当前面临的压力和问题提供了良好的实证素材。

第七章　论述了新生代员工幸福感的提升及离职防范的对策与建议。

第八章　研究结论与展望。总结了本书的研究结论，说明了本书尚存的不足，并对有关问题在未来研究中尚可改进之处进行了展望。

1.5　研究方法

1.5.1　文献研究法

通过信息检索和分析，初步了解和学习国内外心理契约视域下新生代员工幸福感与离职倾向的内涵及理论的有关知识；经过广泛收集和学习研究，认识到新生代员工幸福感与离职倾向的发展历程、研究现状和最新动态；通过查阅和研读与相关的国内外文献，梳理和总结适合本书所用的相关理论、研究方法和思路，为之后的具体研究奠定了必要的基础。最后，对历史文献进行归纳总结，明确了研究方向、研究思路及内容。此外，文献研究还对本书的模型构建和方法选取应用有一定的指引作用。

1.5.2 实证分析法

通过构建模型并对统计收集的数据进行分析，得出影响心理契约视域下新生代员工幸福感与离职倾向的因素，增加了本书的说服力和可信度，并提出了新生代员工幸福感的提升及离职防范的对策建议。

1.5.3 演化博弈法

本书基于演化博弈理论，并结合实际情况，建立了新生代员工和组织责任履行过程中的博弈行为及均衡的模型，然后进行博弈分析，得出了新生代员工在心理契约下提高企业工作绩效的策略。

1.5.4 个案研究法

本书以山西移动公司新生代员工工作幸福感及离职意向为案例进行研究，主要从信息通信行业发展状况、山西移动公司人力资源现状、变量设计与数据收集，以及 SEM 实证分析四个方面探究，为新生代员工幸福感的提升及离职防范的对策建议的提出提供了有力的佐证。

1.5.5 定性与定量分析相结合法

本书运用定性分析方法研究了心理契约视域下新生代员工幸福感与离职倾向的内涵及理论，同时通过对新生代员工幸福感与离职倾向问题进行实地调研，采用博弈论和数理统计分析，提出关键影响因素的研究假设并进行绩效评价，以此对定性研究的结果进行定量分析和验证。

1.6 创新之处

本书对心理契约视域下新生代员工幸福感与离职倾向行为的作用机理、理论框架、博弈分析、实证研究及检验等进行具体的分析，并根据实证分析结果提出新生代员工幸福感的提升及离职防范的对策建议，对于提高企业整体的工作效益具有指导性的借鉴作用和参考价值。本研究的创新性主要体现在以下三个方面。

1.6.1 选题的新颖性

本书从新生代员工的视角出发，将心理契约、工作幸福感与离职倾向这三个变量放入新生代员工这个群体中来探讨它们的相互关系及影响机理，细化相关变量的研究。

1.6.2 选题视角具有创新性

对于心理契约视域下员工幸福感与离职倾向的研究，大多以公务员、教师、护士、国企员工等传统的职业群体为研究对象，很少有相关研究关注个性鲜明的新生代员工。本研究将心理契约问题的研究视角聚焦于企业员工心理契约的构建，具有一定的创新性。

1.6.3 研究内容较完善

随着新生代员工在职场上的个性日益突出，越来越多的研究逐渐将新生代员工作为重要的研究对象。但以往关于新生代员工的研究，研究重点多集中在新生代员工的敬业度、忠诚度等方面，很少有研究从新生代员工的幸福感与离职倾向出发，来探索心理契约下提高新生代员工工作绩效的路径。本研究的创新之处在于引入了心理契约作为变量，构建了心理契约、幸福感和离职倾向的研究模型，较之以往的研究内容更为完善。

1.7 研究中的不足之处

由于时间的局限性以及笔者能力等原因，本研究还存在着以下几方面不足，希望能在今后的工作中进一步完善。

第一，本人对文献的阅读范围有限，特别是对外文文献的研究较少，因此对问题的分析可能不够全面、透彻，在系统性方面也有所欠缺。

第二，本书是对员工目前状态的横向研究，没有对心理契约、幸福感和离职倾向三个变量进行纵向的动态追踪研究，也就无法观察三个变量是如何变化的。

第三，由于受研究时间的限制以及调查的地域限制，本书研究的样本数量不是很大，无法获得大面积的、多样本的数据，只能选取具有代表性的样本进行调查分析，可能会有一定的片面性。在今后的学习研究中，笔者会进一步完善。

第二章　概念的界定与相关理论基础

本章首先界定了心理契约、幸福感、离职与离职倾向等概念，然后对组织行为学理论、人力资源管理理论、新生代员工理论、心理契约理论等相关理论进行梳理、总结，从而为后文的研究奠定理论基础。

2.1　概念的界定

2.1.1　心理契约的内涵及特点

“心理契约”是由美国著名管理心理学家施恩（E. H. Schein）教授提出的。他认为，心理契约是“个人将有所奉献与组织欲望有所获取之间，以及组织将针对个人期望收获而有所提供的一种配合”。 它虽然不是一种有形的契约，但它确实又发挥着一种有形契约的作用。心理契约可以理解为这样一种状态：企业的成长与员工的发展的满足条件虽然没有通过一纸契约载明，而且因为是动态的也不可能加以载明，但企业与员工却依然能找到决策的各自“焦点”，如同一纸契约加以规范。

如果将员工的任务分为封闭式和开放式，将雇主提供的报酬分为短期和长期，我们可以发现四种类型的心理契约：① 交易型。有详细的任务，雇主提供短期报酬。② 过渡型。没有详细的任务，雇主提供短期报酬。③ 平衡型。任务非常详细明确，而且雇主提供长期报酬。④ 关系型。任务不明确，但雇主提供长期报酬（如图 2.1）。

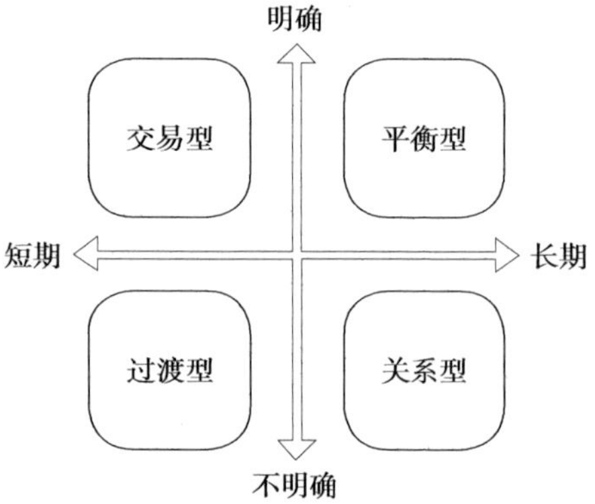

图 2.1　心理契约类型

换言之，企业能清楚每个员工自身发展的要求，并积极为其创造条件，从而满足员工的这种要求；每位员工相信追求企业发展会有利于实现他们自己的期望，因此员工也会为了企业的发展而全心工作。心理契约虽然尚未有统一的界定，但本质上是相同的，强调的都是员工与组织之间一种隐形的不成文约定与对两方之间相互的期望，约定的核心即双方必须遵循“对等关系”，享受权利的同时还要履行义务。同时，随着社会的发展，不同的学者在其概念发展的过程中，逐渐加入了社会的时代性特点。

心理契约具有以下特点。

第一，主观性。心理契约主要是员工个体对双方责任与义务的主观性认识和感知，是一种个人付出与个人期望所得之间的权衡。由于每个人对自身与组织之间相互关系都有独特的感知，因此，不同的个体会对自己的心理预期产生不同的体验和感知。员工的理解不一定是雇佣双方相互责任与义务的客观状况，也不一定被组织或其代理人所意识到。

第二，互惠性。由于心理契约的主体是由组织和组织成员共同构成的，所以心理契约存在着双向性，即组织成员对组织存在着心理契约，与此相对应，组织也对其员工同样拥有着心理契约，二者是平等的。所以在实际工作生活中，二者需要充分的沟通交流，从而达成共识、互惠、互利、共赢。

第三，内隐性。这是心理契约与可以看见的、外显的正式契约的重要的区别。组织和员工都十分明确正式契约的责任、义务；而心理契约通常以心理期望的方式埋藏在组织和员工契约双方内心深处；没有明文规定，因此相互间并非都清楚明确。因为一方面，订立契约的双方预期内容复杂多样，很难表达得准确、完整。另一方面，双方在互相博弈的过程中，让对方了解自己的心理契约将是不利的。因此，心理契约双方的主体是不会轻易暴露他们的心理契约。

第四，动态性。心理契约的本质是一种心理期望，而心理期望会造成心理契约的不确定性，会使其在主体心态转变的同时随之出现变化。书面的契约一经签订达成承诺，就具有稳定性，不易被改变。然而心理契约却是动态的，它会随着时间和环境的变化而不断地改变契约内容。如员工刚被招聘进企业时与该员工成为技术骨干后，这两种时间下他与企业之间的心理契约内容肯定是不同的。一般情况下，心理契约会随着组织内外部环境、工作内容及方式的改变以及员工自身情况的变动等而发生变化，处于不断变更及修订的状态中。因此心理契约是不断发生变化的，具有不稳定性及动态变化性。

第五，效能性。虽然心理契约没有以正式的文件写出，但它是影响组织行为的首要因素。若心理契约遭到破坏或违背，可能会大大降低员工的满意度，从而造成较高的离职率。

2.1.2 幸福感的内涵

幸福是一个永恒的课题，人们都期望能够获得幸福，但什么是幸福，千百年来人们给出了各种各样不同的答案，但至今都没有一个统一的定论，人们往往都是用个人的主观感受来描述幸福。幸福，就是在社会工作和日常生活中，个体为了实现理想和目标而努力奋斗，在这个过程中，人们不断丰富自己的物质生活和精神生活，并得到某种满足的心理感受，从而对自己的生活给予肯定评价。从心理学角度出发，当人们发现或是意识到自己的需求得到满足，或是达到自己预期目标的时候，就会产生一种满足感，这种状态是由心理因素（个体的需求、爱好、欲望等）和外部因素（生活的环境、他人的刺激等）共同作用而形成的一种复杂的、变化的心理状态。著名哲学家康德这样描述幸福：人们在生活中遇到的事情都是称心如意的状态就是幸福。中西方对于幸福感的定义与看法虽然用字遣词不同，但都认为幸福感是源自于对生命美好事物的追求，是一种目标，一种对真善美的期待，属于长期性的快乐，认为幸福的认知是主观的、内在的、因人而异的。

哲学上有两种幸福观：一种是快乐主义幸福观，认为人们得到的快乐感受就是幸福；另一种是完善论的幸福观，认为实现和完善自我、成就自我和激发潜能才是幸福。与哲学上的两种幸福观相对应，心理学上也形成了两种幸福观：主观幸福感和心理幸福感。

主观幸福感是现实物质需要的满足给人们带来的心理体验，即个体依据各自的标准评价生活质量，其中包含正性和负性情感及对生活整体和具体领域的认知。而心理幸福感则强调人生价值与自我潜能的实现所伴随的心理体验。实际上，这两个方面对完整的主观幸福感而言都是不可或缺的。幸福是个体在社会生活过程中为了实现目标和理想，使自己的物质生活和精神生活得到某种满足的心理体验，是人们对生活的肯定评价。幸福感是一种积极的情绪体验，它是通过外界良性诱因对个体产生刺激，从而激发出个体的动力性和依赖性。它既与人们生活的客观条件密切相关，又体现了人们的需求和价值取向。一方面，幸福感不能脱离幸福的生活事件而存在，是通过生活事件得到感知的，而不是靠想象得到的，具有一定的客观性；另一方面，一种幸福的生活事件只有被个体感知、获得幸福认知时，才有意义，因此它又具有主观性。

2.1.3　离职及离职倾向

离职作为员工职业生涯中的重要转折点，一直是组织行为学、心理学及社会学研究的热点。离职的含义，有广义和狭义之分。狭义上是指个体终止与组织的契约关系，脱离担任与其利益相关的职位，主要是强调雇佣关系的终止，排除企业内部人员流动情况。而广义上还包括组织人员内部流动导致的离岗，如晋升、降级、岗位调整等。离职行为主要分为员工主动离职和被动离职两类，该划分有利于进一步加深对离职倾向的认识。主动离职即辞职，是员工主动提出终止与组织的雇佣关系，是员工主观意愿的表现，这会造成企业人才的流失，严重时会威胁组织的稳定性，不利于企业的发展。被动离职即解雇，是组织提出终止与员工间的雇佣关系，它受很多因素的影响，如经济形势下行、行业的激烈竞争、企业较差的效益及员工由于个人原因触犯公司规定等原因，大多情况下不会对企业利益造成很大损失。

离职是由个体心理变化到行为变化的一系列过程，而离职倾向则是行为发生前员工的心理状态，是心理意愿的表达，这是一个不容易被察觉的过程。离职倾向积累到一定程度会导致实际离职行为的发生。

离职倾向又称为离职意向、离职意愿，属于主动离职的范畴，通常发生在企业员工身上，它仅仅是一种态度想法，并未做出行动，因而与离职行为存在差异。离职倾向是指企业雇员在一定时期内（通常为一年）变换其工作的可能性意愿，是企业员工对工作不满，产生明确离职行为的一种心理状态，处于存在离职想法、开始寻找新的任职机会、评估所有的可选择的任职可能性等一系列步骤之后和产生明确离职行为之前的心理状态和最后程序。离职倾向是企业员工在企业组织中感知不被认同后的情绪体验，是一种心理倾向，产生于个体想要离开当前的组织及工作岗位，寻找新工作的时候，该情况一旦发生，员工在很大程度上会采取离职行为。

2.2　相关理论基础

理论基础是研究的前提，鉴于此，在对相关概念进行界定之后，下面笔者将从组织行为学、人力资源管理、新生代员工和心理契约这四个方面对其基本的起源、发展阶段及涉及的相关理论进行整理和归纳。

2.2.1　组织行为学相关理论

组织是一定的组织结构确定下的、具有目标导向的、开放的社会—技术行为系统。行为是把组织看成是一个动态的、富有生命力的有机体。据此，组织行为可以描述为：在组织内部，个人和群体所产生的行为，以及组织与外部环境之间的交互作用，其中包括组织自身的运行状态。而组织行为学就是对上述内容进行综合概括和研究的学科，主要是研究组织中及组织与所处环境的相互作用，是一门主要研究人们在从事工作时的心理活动和行为反应规律的科学。

一般认为，组织行为学是在管理科学发展的基础上产生和发展起来的。管理是人类社会的永恒主题，是人类社会有序发展的推动力，也可以说是管理者运用一定的职能和手段协调他人的活动，使他人同自己一起高效率地实现既定目标的活动过程。

尽管管理活动自古就有，但形成一门独立的学科是在19世纪末至20世纪初。1911年泰罗《科学管理原理》一书的出版，标志着管理学作为一门独立学科的诞生。人是管理的主体，也是管理的对象，研究人的行为规律便成为管理学的重要内容。社会的进步促使组织中的管理者必须重视对人的管理，组织管理学、人事管理学这些管理学的分支在管理体系中的地位日渐突出，组织行为学就是在此基础上产生和发展起来的。

管理学理论的发展受到当时所处社会生产力和科学技术水平的制约，随着时代的进步，管理理论大致经历了以下四个不同的发展阶段。

1. 第一阶段：古典管理学派阶段

古典管理学派初创和形成是 20 世纪 30 年代以美国的泰罗、法国的法约尔、德国的韦伯为代表。该学派分为科学管理和组织管理两大基本流派。泰罗是科学管理的倡导者，被称为“科学管理之父”，从根源上讲泰罗是组织行为学先驱者中最重要的一位。

这一时期正是大工业快速发展的阶段，人们关注的是生产的效率。泰罗对工作进行动作和时间研究，注重工作的分析和设计，在钢铁公司进行了一系列的实验：搬运铁块、铲铁锹等，将人的动作进行分解和设计，提出了劳动定额、工时定额、计件工资制等。这一阶段的管理理论重视对物的研究，忽视了人对管理的影响。

2. 第二阶段：行为学派阶段

行为学派产生于 20 世纪 20—60 年代，其代表人物是梅奥、麦格雷戈等，他们提出了著名的人际关系理论。1924 年开始的霍桑实验在行为科学的发展史中被称为里程碑式的实验。该实验指在美国芝加哥西部电器公司所属的霍桑工厂所进行的一系列的心理学研究的总称。美国哈佛大学心理学教授梅奥 1927 年接管并主持了霍桑实验。梅奥主要进行了三方面的实验，即福利实验、随访实验、观察实验。他的重要研究成果是产生了人际关系理论。

3. 第三阶段：管理科学学派阶段

管理科学学派产生于20世纪60年代到70年代，代表人物有钱德勒、劳伦斯等。其主要特点是把系统科学的理论应用于管理实践领域中，即我们通常说的系统论、信息论、控制论等，形成新的组织管理技术和方法。

4. 第四阶段：综合性的现代管理学派阶段

现代管理学派产生于20世纪70年代以后。这一阶段综合了前三个阶段的研究成果，把组织看作一个开放的社会模式，把管理科学和行为科学结合起来，创立了系统工程这一新的管理理论，强调系统的组织和规划，解决了多种目标的矛盾。

与组织行为学相关的理论有以下两个理论。

人际关系理论。梅奥（George Elton Mayo）是人际关系理论的创始人，是行为科学理论阶段（20世纪30—60年代）中各种层出不穷的理论研究的奠基之人，他进行了著名的霍桑试验。霍桑试验的研究结果否定了传统管理理论的对于人的假设，表明工人不是被动的、孤立的个体，他们的行为不仅仅受工资的刺激，影响生产效率的最重要因素不是待遇和工作条件，而是工作中的人际关系。据此，梅奥提出了自己的观点。

第一，工人是"社会人"而不是"经济人"。梅奥认为，人们的行为支机并不仅仅是追求金钱，还有社会方面的、心理方面的需要，即追求人与人之间的友情、安全感、归属感和受人尊敬等，而后者更为重要。因此，不能单纯从技术和物质条件着眼，而必须首先从社会心理方面考虑合理的组织与管理。

第二，企业中存在着非正式组织。企业中除了存在着古典管理理论所研究的为了实现企业目标而明确规定各成员相互关系和职责范围的正式组织之外，还存在着非正式组织。这种非正式组织的作用在于维护其成员的共同利益，使之免受其内部个别成员的疏忽或外部人员的干涉所造成的损失。为此，非正式组织中不仅有自己的核心人物和领袖，还形成了大家共同遵循的观念、价值标准、行为准则和道德规范等。梅奥指出，非正式组织与正式组织有重大差别。在正式组织中，以效率逻辑为其行为规范；而在非正式组织中，则以感情逻辑为其行为规范。如果管理人员只是根据效率逻辑来管理，而忽略工人的感情逻辑，必然会引起冲突，影响企业生产率的提高和目标的实现。因此，管理当局必须重视非正式组织的作用，注意在正式组织的效率逻辑与非正式组织的感情逻辑之间保持平衡，以便管理人员与工人之间能够充分协作。

第三，新的领导能力在于提高工人的满意度。在决定劳动生产率的诸因素中，居于首位的因素是工人的满意度，而生产条件、工资报酬等都排在其后。职工的满意度越高，士气就越高，生产效率也就越高。高的满意度来源于工人个人需求的有效满足，不仅包括物质需求，还包括精神需求。

权变管理理论。权变管理理论（Contingency Theory of Management）是 20 世纪 70 年代在美国形成的一种管理理论。这一理论的核心就是力图研究组织的各子系统内部和各子系统之间的相互关系，以及组织和它所处的环境之间的联系，并确定这种变数的关系类型和结构类型。权变管理理论强调根据不同的具体条件，采取相应的组织结构、领导方式、管理机制，把一个组织看作是社会系统中的分系统，要求组织各方面的活动都要适应外部环境的要求。

权变管理理论的主要内容有：第一，组织结构的权变理论。这类理论都把企业组织作为一个开放系统，并试图从系统的相互关系和动态活动中考察和建立一定条件下最佳组织结构的关系类型。第二，人性的权变理论。其认为人是复杂的，要受多种内外因素的交互影响。因而，人在劳动中的动机特性和劳动态度总会随其自身的心理需要和工作条件的变化而不同，不可能有统一的人性定论。其代表理论有莫尔斯和洛尔施的超 Y 理论。第三，领导的权变理论。其认为领导是领导者、被领导者、环境条件和工作任务结构四个方面因素交互作用的动态过程，不存在普遍适用的一般领导方式，好的领导应根据具体情况进行管理。这方面比较有代表性的是费德勒有效领导模式的研究和弗罗姆等人关于领导参与模式的研究。

进入 20 世纪 90 年代以来，组织行为学有了一些新研究动向，主要表现为如下四个方面。

第一，组织变革已成为全球化经济竞争中组织行为学研究的首要问题。随着经济全球化的发展和经济结构的调整，对企业重组、战略管理、跨国公司或国际合资企业管理的研究呈现强劲势头，由复杂性增加而导致研究的注意力全面转向整个组织层面。这个方面的研究主要探索组织变革的分析框架、理想的组织模式、干预理论及变革代理人的角色。

与组织变革密切相关的是领导行为研究。受权变理论的影响，先后出现了多种领导理论。在组织变革中，管理决策显得十分重要。在个体层面上，组织行为学比较注重决策和判断中所采用的认知策略和判断决策问题；在组织层面上，组织行为学主要分析不同背景下的决策模式、权利结构和参与体制，并特别重视决策技能的开发和利用。与组织变革密切相关的还有激励机制和企业文化，它们也成为组织行为学研究的热点。

第二，组织行为学强调对人力资源的系统开发。组织行为学更加关注研究管理者决策、技术创新和员工适应中必须具备的素质，更加关注如何充分利用和开发人力资源。相应的组织行为学研究由原来的局部、分散转变为整体、系统。有关胜任特征评价、个体对于组织的适应性和干预问题的研究等人力资源问题正向纵深发展。

第三，组织行为学研究更加关注新领域。组织行为学家把组织作为开放的社会—技术系统来看待和研究，研究领域已突破传统框架，涉及管理培训与发展、企业业绩评价、管理决策、组织气氛、组织文化及跨文化比较等新领域。

第四，组织行为学研究除秉承强调生产率的传统之外，更加关注工作和生活质量。组织行为学认为强调生产率与强调工作生活质量并非相互排斥的。如果工作和生活质量不令人满意，是很难实现高生产率的。相反，高的生产率是改善工作和生活质量的先决条件。组织行为学越来越重视有关工作满意度、雇员安全与健康、组织文化、组织承诺、心理契约、压力管理、工作—家庭平衡等方面内容的研究。20 世纪 90 年代以来，组织行为学有一些新研究动向，主要表现为：在经济的全球化竞争这一大环境下，组织变革已成为组织行为学研究的首要问题。组织行为学倾向于对人力资源的系统开发和发展，除强调生产率之外，还开始关注员工的生活质量及工作的满意度。

2.2.2　人力资源管理相关理论

1954 年，彼得 · 德鲁克提出“人力资源”的概念，并提出人是企业的特殊资产，拥有其他资源没有的素质。人力资源管理是一个获取、培训、评价员工和向员工支付报酬的过程，同时也是一个关注劳资关系、健康、安全及公平等方面问题的过程。在管理实践中，员工管理问题涉及职位分析、招募、新员工的上岗引导、员工培训、评价工作绩效、薪酬福利、沟通、员工身心健康、处理争议和劳资关系等主题。人力资源管理的演变过程大致可以分为五个阶段。

1. 第一阶段：现代人事管理的产生和泰勒的科学管理理论

19 世纪工业革命的快速发展带动了生产力水平和劳动专业化分工水平的提高，这对生产的整个过程监控，尤其是对企业中员工的管理提出了相应的要求。因此，企业中出现了针对员工的管理者，这类管理人员负责对员工的工作行为和结果进行监督及对与员工有关的活动进行管理。这一系列管理活动，后来就被称作人事管理。从这一时期开始，人事管理被组织所普遍接受。19 世纪末到 20 世纪初，人事管理作为一种管理活动进入企业的管理活动范围之内。因此，许多学者都把这一阶段当作现代人事管理的起点。但是，此时泰罗的科学管理理论没有考虑到员工的心理感受，管理者仅仅把员工当作机器设备来管理，使员工对工作开始产生疲劳和厌倦，这也导致科学管理理论对员工的激励效果大打折扣。虽然科学管理及其相关理论存在很多局限，但其首次将科学管理的观念应用到人事管理的实践中，揭示了有效的人事管理实践可以提高员工的劳动效率，从而提高企业的绩效。

2. 第二阶段：霍桑实验和人际关系运动

20 世纪 30 年代的霍桑实验使人事管理从科学管理转向了对人际关系的研究。1924 年到 1932 年，梅奥等人发现员工的感情、工作态度在很大程度上会受到工作环境的影响。工作环境包括领导风格和群体环境及管理者的支持等，这些因素会对员工的工作效率产生重要的影响。这一研究成果使得行为科学理论在人事管理中得到了广泛的应用，人事管理理论也得到了极大地丰富。

3. 第三阶段：组织行为学理论的早期发展

组织行为学理论对人事管理理论及实践的影响在 20 世纪 60 年代至 70 年代达到了顶峰,但在这之前,行为科学对人事管理就已经产生了一定影响。1913 年，行为科学的研究先驱明兹伯格出版的《心理学与工作效率》对早期的人事管理产生了很大的影响。组织行为学对个体、群体行为形成动机的研究促使员工激励理论进一步得到完善。20 世纪 50 年代是激励理论发展的鼎盛时期，分别产生了马斯洛需求层次理论、麦格雷戈的 XY 理论及赫茨博格的激励—保健双因素理论。

4. 第四阶段：人力资源的提出阶段

20 世纪 50 年代以前，人事管理理论的研究和管理活动的实施都是建立在人是“经济人”而不是“社会人”这一假设的基础之上。另外，从工业化社会时期开始，员工需求和素质发生了改变，员工的知识水平和专业技能普遍得到提高，经济需要不再是员工唯一的追求。相应地，他们在组织中的地位也发生了改变，由生产资料的角色向组织关键资源转变。这也导致了人事管理向人力资源管理转变。

5. 第五阶段：人力资源管理的形成阶段

在彼得·德鲁克提出人力资源的概念以后，怀特·巴克在 1958 年出版了《人力资源功能》一书，书中对人力资源管理的相关问题进行了详细的阐述，并且把人力资源的管理当作管理的职能之一来研究。巴克认为，人力资源管理的功能对于组织来讲，与生产、营销、会计、金融等一样重要。他指出，人力资源管理的职能包括人际关系、劳工关系、行政管理、行政人员的开发培训等各个方面。

与人力资源管理相关的理论主要有：

（1）X 理论、Y 理论及 Z 理论。道格拉斯 · 麦格雷戈把对人的基本假设进行了区分，即 X 理论和 Y 理论。X 理论认为：人们总是尽可能地逃避工作，不愿意承担责任，因此要想有效地进行管理，实现组织的目标，就必须实行强制手段，进行严格的领导和控制。Y 理论则是建立在个人和组织的目标能够达成一致的基础之上。Y 理论认为，工作是人的本能，人们会对承诺的目标作出积极反应，并且能够从工作中获得情感上的满足；员工在恰当的工作条件下愿意承担责任。

不同的理论假设对于人力资源管理实践具有不同的含义：X 理论要求为了实现有效的管理，实现企业的目标，应当采取严格的人力资源管理措施，进行严格的监督和控制。Y 理论则要求管理实践要满足人们的成就感、自尊感和自我实现感等需求。

20世纪80年代产生过重大影响的《Z理论》一书的作者威廉·大内，通过大量的企业调研在其著作中提出了“Z型组织”的理论。他认为，“提高生产率的关键因素是员工在企业中的归属感和认同感”，因此，企业应实行民主管理，即职工参与管理。他的理论是在行为科学的X理论、Y理论之后，对人的行为从个体上升到群体和组织的高度进行研究，认为人的行为不仅仅是个体行为，同时也是整体行为。Z理论的要点是：长期的雇佣；相互信任的人际关系，员工相互平等；人性化的工作条件和环境，消除单调的工作，实行多专多能；注重对人的潜能细致而积极地开发和利用；树立整体观念，独立工作，自我管理。Z理论为以人为本的思想提供了具体的管理模式，以人为本的员工管理模式的关键在于员工的参与。

（2）激励—保健理论。激励—保健理论，即双因素理论，是美国心理学家赫茨博格提出的。他认为，员工对待工作的态度很大程度上决定着任务的成败。按照赫茨博格的理论，导致工作满意的因素和导致工作不满的因素是有区别的。这些导致工作不满的因素称为保健因素，而那些带来工作满意感的因素称为激励因素。当导致工作不满的保健因素得到改善时，员工的不满感降低，但也是仅此而已。要想切实有效地激励员工努力工作，必须重视激励因素，只有这些因素才能真正增加员工的满意度。

赫茨博格的激励—保健理论对于人力资源管理具有现实意义，因为员工的激励问题是人力资源管理实践的核心问题。因此，改善保健因素，重视激励因素必然有助于充分发挥人力资源管理调动组织成员积极性和创造性的功能。

（3）马斯洛的需求层次理论。马斯洛的需求层次理论认为，人的需求是具有不同层次的，一个层次需求的满足会引致更高层次的需求。

马斯洛的需求层次由高到低表现为：自我价值实现需要、自尊需要、社会需要、安全保障需要、生理需要。他认为，人们在较高层次的需求得到满足之前首先要满足较低层次的需求。另外，不同人的需求层次因个人情况也存在着差异。

马斯洛的需求层次理论对于人力资源管理实践的意义在于：它提出，在人力资源管理实践中要实现对员工的激励必须考虑人的不同需求，通过满足员工不同层次的需求来激发员工工作积极性，获得员工对企业的认同感和归属感，从而使员工能够把个人需要同企业目标联系在一起。

当前，经济全球化发展进程日益加快，人才越来越成为国际市场竞争的关键因素，人力资源管理的应用范围会越来越广，在企业管理中发挥的作用也日益明显。人力资源管理理论作为一门应用型理论，主要是研究人才在企业中各个部门的职能和企业中各个部门和人员的协调方法。因此，人力资源管理理论需要与时代步伐相适宜，不断地发现问题并加以解决，从而实现人力资源管理理论的发展。

2.2.3　新生代员工相关理论

一般而言，新生代员工是指那些出生于20世纪80年代或90年代的（通常称之为“80后”或“90后”）、已经参与工作的群体。

西方学者对“新生代员工”有许多研究，如媒体把70年代出生的人定义为X代，这个概念的灵感来自于20世纪90年代的一部叫作《Generation X》的小说。之后，美国作家卡洛琳·马丁和布鲁斯·图根的《管理Y—代》风靡全球，人们沿用之前的说法，将1980后出生的群体称作“Y—代”。在我国，生于这一时期的群体通常被称作“80后”。后来的“90后”“00后”等称谓都是随之发展而来的。

新生代员工与传统员工心理特征的对比见表2.1。

表2.1 新生代员工与传统员工心理特征的对比

	新生代员工	传统员工
优点	受教育程度高 思想开放，多元化价值观 接受新事物的能力强，富有创造性 敢想敢干，富有个性	抗挫折、抗打击能力强 善于交际 吃苦耐劳 具有团队合作精神
缺点	心理脆弱，抗压能力差 注重自我，不善交际，缺乏合作精神 控制和管理情绪的能力不足 缺乏责任感与自我约束力 5. 注重功利，追求物质享受	文化水平不高 英语与计算机水平低 思想保守，对新事物接受慢
共性	年轻时比较叛逆，工作富有激情	

关于新生代员工群体的界定，我国学者大都从出生年份的范围来进行划分，把20世纪80年代及以后出生的人定义为新生代员工。我国特殊的社会经济环境，使这一代的员工形成了自己独有的特征。20世纪80年代，计划生育政策在我国得到了全面的推广，直到2015年才全面放开“二胎”政策，所以大部分的新生代员工来自于独生子女家庭。此外，随着我国社会经济的迅猛发展、国际地位的提升等社会经济大环境的迅速改变，新生代员工在企业中的认知和感受也产生了很大的变化。

关于新生代员工的主要研究可以概括归纳为以下几方面：新生代员工成长环境的研究、新生代员工群体特性的研究、新生代员工职业发展和管理优化研究。主要研究成果汇总见表 2.2。

表 2.2 新生代员工现有研究成果汇总表

研究方向	学　者	研究成果
新生代员工成长环境研究	Liu Liwei 和 Zhao Erdong	新生代员工成长的环境特征；经济体系和社会结构大调整；计划生育和“4+2+1”模式；经济持续高速增长，崇尚消费；全球化趋势和高科技产品的日常生活化
	周石	新生代员工成长的时代特点：改革开放和市场经济时代的来临；科学技术的高速发展；网络技术和信息技术在生活中的普及；全球化的挑战
新生代员工群体特性研究	伍晓奕	从工作价值观角度出发，认为员工与企业是单纯的雇佣关系，新生代员工注重自身价值的实现和成长
	罗慰心	通过对互联网行业新生代员工的调查发现，灵活的工作制度和融洽的工作氛围能够提高员工的组织承诺
	周石、刘红霞	新生代员工职业的选择从兴趣出发；注重职业规划，有明确的目标和较低的组织承诺；以薪水来衡量事业是否成功；崇尚和谐、宽松的工作氛围；喜欢挑战自我，寻求刺激；重视工作和生活的平衡
	吕翠、周欢	以自我为中心，有较强的开放性；团队合作意识薄弱；对逆境抗压能力不强
新生代员工职业发展与管理优化研究	伍晓奕	采用个性鲜明的招聘手段吸引新生代员工；能岗匹配，有针对性地制定工作目标和激励机制；了解员工需求，注重双向沟通；信任并充分授权
	陈朝益	企业目标与员工成长相结合；尊重新生代员工的奇思妙想，制订灵活的奖励机制；组织管理者与员工构建平等对话的关系，不一味地下达命令，以权压人
	吕翠、周欢	在对新生代员工加强管理时可引入心理干预机制
	胡海燕	鼓励新生代员工参与企业管理制度的修订；将企业发展与员工发展相融合；注重对员工的差异性培养，适当放权，尊重员工

与传统员工相比，新生代员工具有以下特征。

第一，价值观多元化，渴望挑战性的工作。在新生代员工的成长环境中，物质资源不断丰富，经济水平持续增长，中西方文化交流密切，他们的思想不仅受到中国传统文化的熏陶，而且被西方价值观所影响。接受过高等教育的新生代员工，拥有着较高的知识文化水平，有独特的思维方式，不易随波逐流，而是有自己的主见；他们崇尚自由，渴望民主，文化价值观更加多元化。对于工作，新生代员工的诉求不仅是满足其物质需求，更多的是希望实现其人生价值，他们不愿从事单一枯燥的简单工作，而是渴望从事富有挑战性的工作，以此来满足尊重需要。

第二，期望较高，注重自我实现。新生代员工具有更高的报酬期望和成就期望。新生代员工受到的教育水平较高，在自己知识和能力形成的过程中，付出的成本较大，自然要求更多的补偿，所以对工资收入要求很高。新生代员工事业心较强，自主意识较高，这就决定了他们有更强的成就动机，热衷于具有挑战性的任务和自己感兴趣的工作。

第三，自主性强，渴望获得认可与尊重。新生代员工依靠自身具备的专业知识进行创造性思维，不断形成新的知识成果。因此，新生代员工倾向于拥有宽松、自主的工作环境，更强调工作中的自我引导和自我管理。在工作中，他们要求给予自主权，能按照自己认为最有效的工作方式出色地完成任务。此外，新生代员工心目中有非常明确的奋斗目标，他们并不仅仅为了挣得工资，而是有着发挥自己专长的愿望，他们更在意自身价值的实现，并期望得到社会的认可与尊重。因此，在新生代员工的激励中，他们更渴望看到工作成果，更注重他人、组织与社会的评价。

第四，创新力强，愿意接受新事物。新生代员工接受的教育更加灵活，思维更加活跃，在工作中更容易突破原有的思维定式，寻找到新的突破口，创造性地提出新的思路和方法，对于解决工作中的难题也能提出不同的见解。新生代员工在利用先进科学技术、整合信息方面都有着一定的优势。对于提升自身的工作绩效也有一定的帮助。因此，新生代员工在开发新产品、设计新方案上都有着较强的创新能力。

第五，流动性高。与老一代员工对组织较强的忠诚度相比，新生代员工对组织的依附感较弱。他们将职场看作是实现自身价值的场所，对自身职业生涯道路也有自己的规划，不会受到用人单位的限制，在付出努力的同时，希望从组织中得到应有的回报，当组织无法满足他们对于工作的要求时，便会选择离开。新生代员工相对于老一代员工，离职流动率较大，尤其是刚步入职场时，对于工作环境的不满足，工作内容的不如意，都会促使离职想法的产生。新生代员工的不稳定性对于组织来说造成了成本的增加，给组织的发展带来困难。

第六，可塑性高，学习能力强。新生代员工至今仍处于成长发展的阶段，需要用发展的眼光和辩证的思维去认识并了解他们。他们尽管有许多不足之处，但同时也有自身独特的优势，如心态乐观、学习能力强，等等。管理者们一定要充分挖掘他们的优势，将新生代员工培养成适应现阶段的市场经济条件的优秀人才。

2.2.4　心理契约理论

心理契约理论是美国著名管理心理学家施恩教授提出的。从组织管理的角度来讲，心理契约理论的应用主要表现为对某一组织的心理契约构建、某类群体的心理契约构建和基于心理契约的激励策略等。心理契约理论的产生、发展和完善对于改善组织氛围、调整组织关系和促进组织发展一定的助推作用。

心理契约理论自20世纪60年代兴起，80年代逐步引入国内，国内外学者对该理论进行了有益的探索。20世纪60年代初，Argyris Chris在《理解组织的行为》一书中首次提出了“心理契约”的概念。他在书中指出，心理契约是员工和组织相互间通过期望对方对其承担一定责任的一种感知。这种期望包括精神层面和经济层面的。Levinson等学者在此基础上将“心理契约”进一步界定，认为心理契约大都是不公开的，具有很强的内隐性。Kotter也认为，心理契约是一种隐含的协议，它包括员工与组织双方期望对方付出和得到的内容。20世纪80年代后期以来，学术界对于心理契约概念的理解出现了分化，产生了两大学派：Rousseau学派，代表人物包括Rousseau、Morrison和Robinson；古典学派，代表人物包括Herriot、Guest和Conway等。古典学派的学者们认为心理契约应该是组织与员工之间的一种双向契约，不仅包括员工个人对彼此义务的主观理解，也包括组织对彼此义务的感知。他们主张从组织和员工两个层面双向探讨员工的心理契约。而Rousseau学派认为心理契约的实质是员工个体的主观信念和感知。其中，Rousseau将心理契约看作是雇佣关系背景下，员工对自己与组织相互之间所要承担的义务的感知和信念。这种信念包括员工对自己所做出的贡献，例如努力、忠诚和能力等，与从组织得到的报酬、工作保障和职位晋升等之间的交换关系的一种理解。两个学派的主要代表及观点如表2.3所示。

表 2.3　各学派对心理契约的研究

	派别类型	主体定位	代表学者	主要观点
心理契约	Rousseau 学派	雇员	Rousseau（1989）	企业本身是抽象且不可感知，心理契约是个体基于雇佣关系对双方义务和权利的认知和理解
			Schalk，Freese（1993）	企业代表不易选择，员工说话是心理契约的研究动机
			Robinson，Kraatz 和 Rousseau（1994）	心理契约是员工对自身贡献和组织诱因之间互换关系的认知
			Morrison，Robinson（1997）	心理契约应该从雇员理解的雇员责任和其理解的组织责任两方面来理解
	古典学派	组织和员工	Herriot，Pemberton（1995）	心理契约是企业和雇员双方对二者关系和对方价值的主观理解
			Tsui 等人（1997）	心理契约涵盖企业和雇员双方，组织代理人可以被有效选择
			Herriot Pemberton（1997）	心理契约是企业和雇员双方对二者契约关系中所包含的义务和责任的理解和感知

1. 心理契约的相关理论

社会交换理论。社会交换理论是霍曼斯等学者借用经济学概念来解释社会行为有赖于相互强化而得以持续发展的一种社会心理学理论。古尔德纳也强调了这种互惠关系构成社会生活中的动力机制。他指出，在社会关系中的双方获得利益就需要对既得利益进行回报，这种需要是社会互动的“启动装置”；在社会生活中这种互惠关系之所以发生作用是因为社会规范的作用，它包括两个方面，一是人们应该帮助那些帮助过自己的人，二是人们不应该亏待那些帮助过自己的人。由此可见，社会交换指的是存在于人际关系中的社会心理、社会行为方面的交换，其核心是“互惠原则”。其中，所涉及的报酬与成本并不限于物质财富，报酬可能是心理财富，如精神上的奖励、享受或安慰等；而成本可能是体力或时间的付出、放弃享受、忍受惩罚或精神压力等。这种理论可以用公式来表明：报酬 – 代价 = 后果。如果双方所得到的后果都是正向的，则关系将持续下去；如果双方或一方得到的后果是负向的，则彼此之间的关系将出现问题。

公平理论。交换的过程中引出公平原则，亚当斯和沃尔斯特等学者提出了公平理论。该理论指出，交换双方很多时候不是追求“绝对”的利益平等，而是追求一种投入—产出比的相对平等。具体而言，如果一个人的利益与自己的投入之比与另一个相同地位的人的比率大致相同，则会认为实现了公平分配，心理上比较平衡，社会交换的过程也会继续；如果发现自己的投入—产出比低于相同地位的人，则会产生抱怨或愤怒等消极情绪，并会采取一定的行动，如减少自己的投入或中断这种社会交往过程；如果发现自己的投入—产出比高于自己所应得的或是相同地位的人所得的，则会体验到焦虑感和内疚感，并设法采取补偿行为，如增加自己的投入，以保持心理平衡。

在公平理论的研究中，人们不但关注分配结果的公平性，即分配公平性，还关注分配过程的公平性，即程序公平性。分配公平性主要是契约双方在付出时就期望能在短时间内获得同等的回报，这通常是典型的用于测量经济性交换关系是否公平的准绳。而程序公平性则具有较深层的含意，它通过决策程序的公平以及决策过程中员工的参与来传达这样一种信息，即组织视员工为最终目的而不是手段和工具，因此程序公平性更多地反映出社会性交易过程中的公平认知。

期望理论。期望理论是美国心理学家弗罗姆于 1964 年提出的过程型激励理论，这一理论充分研究了激励过程中的各种变量因素，并具体分析了激励力量的大小与各因素之间的函数关系。期望理论假定个体是有思想、有理性的人，对于生活和事业的发展，他们有既定的信仰和基本的预测，因此在分析激励雇员的因素时，必须考察人们希望从组织中获得什么及他们如何能够实现自己的愿望。期望理论的基本模式为：激励力量 = 效价 × 期望值期望，该模式表明，激励力量，即推动人去追求和实现目标、满足需要的力量，是效价和期望值这两个变量的乘积。如果其中有一个力量为零，激励力量也就为零。

期望理论着眼于三种关系：努力—绩效关系、绩效—奖励关系、奖励—个人目标关系。从整个行为过程来看，它表现为个人努力—个人绩效—组织奖励—个人目标。第一种关系表明，个人认为通过一定努力会带来一定绩效的可能性；第二种关系表明，个人相信一定水平的绩效会带来所希望的奖励结果的程度；第三种关系表明，组织奖励满足个人目标或需要的程度及这些潜在的奖励对个人的吸引力。期望理论的研究表明，在实行物质刺激时，具有较高期望意识的员工与具有较低期望意识的员工相比，往往产量较高。期望理论也是激励理论中为数极少的量化分析理论。期望理论不仅是激励理论的重要发展，而且从某种意义上说，它还是对其他激励理论的一种整合。

2. 心理契约理论的破裂和违背

首先提出心理契约违背发展模型的是 MorriSon 和 Robinson，模型为承诺未履行、心理契约破裂、心理契约违背。心理契约破裂是指个体感知到的组织未能完成其在心理契约中应该承担的义务；而心理契约的违背是指个体因为组织未能充分履行心理契约而产生的因受到不公正对待的愤懑情绪。从该模型中可以得知，首先，心理契约违背的根源在于员工实际获得与员工对组织承诺的理解之间的差异。其次，心理契约破裂与违背发生的主要原因在于员工对显著性和警惕性的敏感程度。最后，心理契约破裂和违背的发生还受个体的主观判断影响，所有未被履行的承诺不一定都会发展成契约的破裂和违背。

后来，很多学者开始对心理契约的破裂和违背的发生原因进行研究，主要以 Turnky 和 Feldman 为代表，他们提出了三个原因：差异的因素、员工的期望源、差异的性质。首先，差异的因素。由于心理契约是个体与组织责任和权力相互之间期望的总和且具有动态性，因而才有经济契约之外的心理契约；其次，员工的期望源头主要有三种，员工的期望源。即个体对组织文化的主观感受和理解、组织代理人对个体心理契约承诺及在组织运营方面个体具有的理想异质性期望；最后，差异的性质。许多可感知到的差异的性质被个体理解为心理契约违背的可能性更大。

契约内容与组织实际兑现程度不一致及是否能被个体感知还受其警觉性和差异显著性的影响。警觉性指员工对组织是否履行其心理契约内容的监控程度。影响警觉性的因素有员工与组织关系的性质、环境的不确定性、员工对组织信任等。交易型心理契约中个体对组织的信任程度低，会更加警觉组织能否兑现其承诺，更能预测到组织的违约倾向。显著性中有很多因素，如契约的内容与实践结果间的差距越大，个体越关注其重要的内容，不一致越容易被觉察。最后，组织承诺的方式与承诺时间也会影响个体对差异的觉察。当员工发现组织兑现其承诺的程度不如自己兑现承诺的程度，会认为契约破裂。当员工感知到契约未履行时，个体最终是否会产生一种愤怒情绪，还取决于个体对契约破裂的解释。影响这一解释过程的因素有对契约未履行的归因、对契约未履行结果的判断评估、个体感知到的公平感等。

2.2.5　离职倾向理论模型

1. March & Simon 模型

March & Simon模型可以被称为“参与者决定”模型,研究的是员工流失行为,是将个体行为和劳动力市场结合在一起考察的，也是最早将二者结合来研究流出问题的模型，由两个模型共同构成。一个模型分析的是员工感觉到从企业中流出的合理性，另一个模型分析的是员工感觉到从企业中流出的容易性。

图 2.2 列出了员工感觉到从企业中离职的合理性的决定因素。其中，员工对工作感到满意的状况和对企业内部流动的可能性预测是员工觉得离职是否合理的主要因素。工作满意度与员工在工作中自我价值的实现、对工作中各种关系的把握及对工作角色或其他角色的胜任程度等直接相关。工作中自我价值的实现与主管的工作作风、所得报酬的多少、员工对工作安排的参与程度、受教育情况与升迁及加薪等因素有关。

图 2.3 列出的是员工感觉到离职的容易程度的决定因素。在员工感觉到的流出的容易性模型中，员工所能看到的企业的数量、员工认知的外界可供选择的企业数目及员工愿意接受这些职位的程度是 March & Simon 模型所强调的重要因素。March & Simon 引用了大量的研究成果来支持这一结论，然而由于此模型过于复杂，使其缺少了实践性，但即便如此，该模型仍为以后离职问题的研究奠定了重要的理论基础。

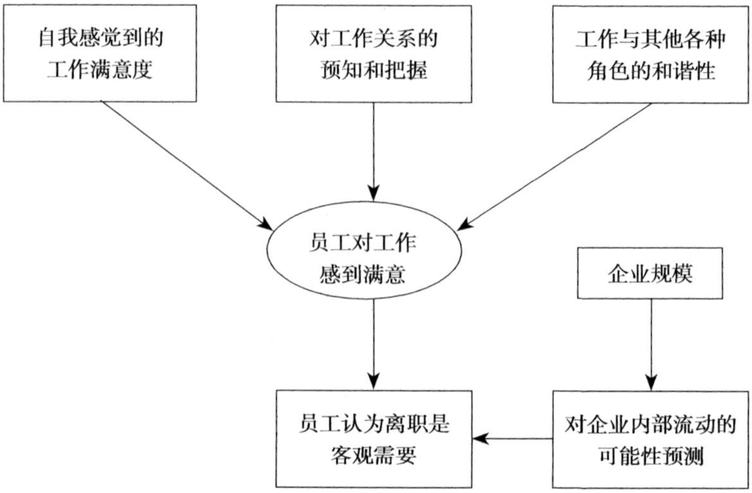

图 2.2　员工感觉到流出的合理性模型

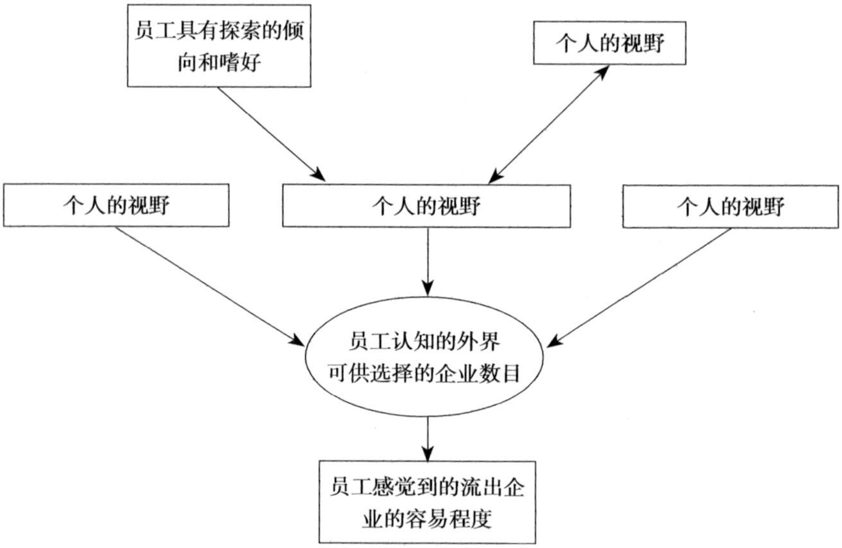

图 2.3　员工感觉到流出的容易性模型

2. Mobley 中介链模型

大量的研究表明，工作满意度和员工离职之间呈负相关关系。Mobley 在 March 和 Simon 的研究基础上，建立了关于员工离职选择的理论模型，研究了员工的工作满意度与实际流出之间的行为和认知过程。该模型假设导致员工实际离职的因素是员工打算辞职的意图，即离职倾向，而不仅仅是工作满意度。他强调将流出作为一个选择过程来研究，指出员工产生离职倾向后需要对现有职位和新职位进行比较选择，以便最终决定离职还是留下，并对将工作满意度直接作为员工离职的先兆这一论点提出了质疑，具体步骤如图 2.4。

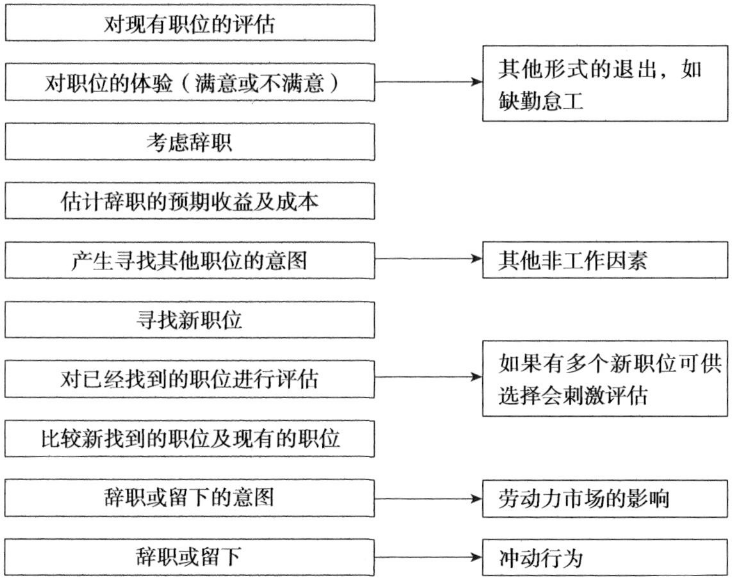

图 2.4　Mobley 中介链模型

该模型吸收了 March & Simon 模型的优点，反驳了工作满意度的高低可以直接预测员工的离职行为，并指出了将员工的离职作为一个过程来考虑。但是，在研究的过程中需要有一定的研究方法来随时体现这种过程，也就是现在我们经常提到的反馈机制，但这方面的研究至今仍未有突破。Mobley 中介链模型认为员工一旦考虑辞职，其寻找新职位和辞职的意图就会变得坚决和持久，而在现实生活中还是有一定数量的员工会留下来。这一模型没有讨论员工根据什么对现有职位和新职位进行评估，这是其局限性。

3. 扩展的 Mobley 模型

Mobley 等人（1979）构造出了一个较为复杂和全面的雇员离职过程模型——扩展的 Mobley 中介链模型，它将 March & Simon 模型、Price 模型和 Mobley 中介链模型进行了结合，以尽可能地捕捉影响雇员离职的各种复杂因素。该模型指出，雇员打算辞职继而从组织中真正流出由四个基本因素决定：工作满意与否、对在组织内部改变工作角色及收益的预期、对在组织外部改变工作角色及收益的预期、非工作价值观及偶然因素。具体模型如图 2.5 所示。

4. Steers & Mowday 模型

Steers & Mowday 模型是在 Mobley 中介链模型、扩展的 Mobley 中介链模型的基础上发展起来的，主要目标同样是寻找影响雇员离职的主要变量并考察它们在离职过程中的关系，并以概念化的框架图进行表达。该模型指出不同员工存在不同的离职路径，如有的员工产生离职倾向后会直接产生离职行为，有

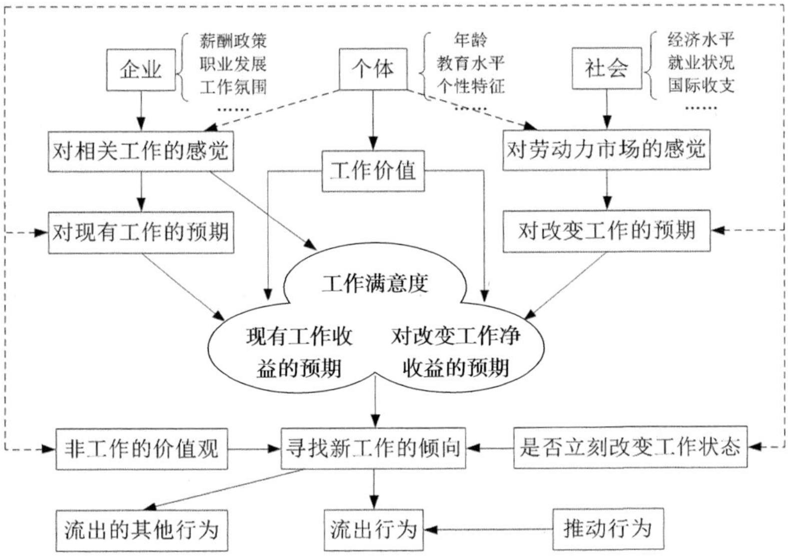

图 2.5 扩展的 Mobley 中介链模型

的员工产生离职倾向后会先引发其对工作机会的寻找，进而离职。Steers & Mowday 模型指出了在员工离职过程中发挥作用的因素，并引入工作绩效作为预测变量。该研究更加强调非工作因素对离职的影响，也指出了组织承诺度和工作参与度不高也会引起员工尝试改变现有工作状况的倾向。该模型突破了以往提出的当员工的工作满意度很低时就会离职的单一模式，提出了员工可能会尝试采用不同的方式来改变现状，但是却没有具体指出哪种类型的员工会直接产生离职行为，哪种类型的员工会先产生工作寻找行为继而产生离职行为，如图 2.6 所示。

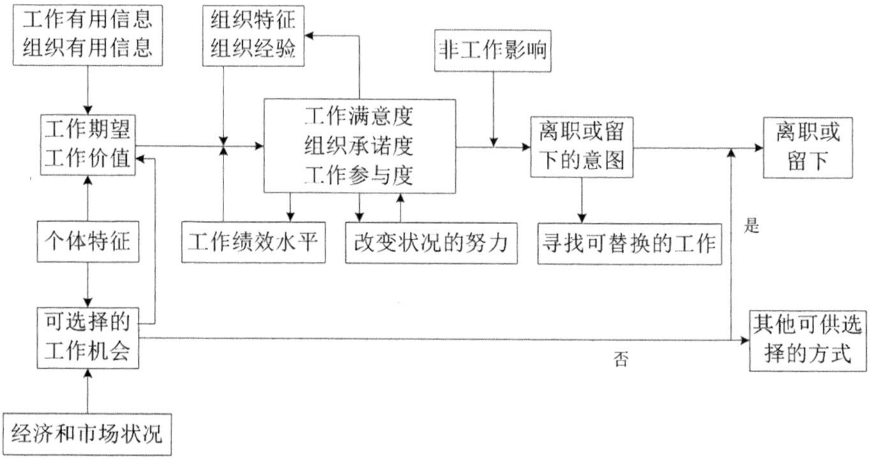

图 2.6 Steers & Mowday 模型

5. Price & Mueller 模型

Price & Mueller（2000）模型是在借鉴了其他离职模型研究成果的基础上，经过多次修订，且每一次修订都以前一个模型作为基础，不断引入实证研究发现的新的离职变量而建立起来的。模型中存在四类和离职相关的变量：环境变量、个体变量、结构化变量和过程变量，这些变量是从过去大量的实证研究中被辨识出来的。环境变量有两个：亲属责任、机会；个体变量有三个：一般培训、工作参与度、积极 / 消极情感；结构化变量有七个：自主性、结果公平性、工作压力、薪酬、晋升机会、工作单调性和社会支持；过程变量有四个：工作满意度、组织承诺度、工作寻找行为、离职倾向，如图 2.7 所示。

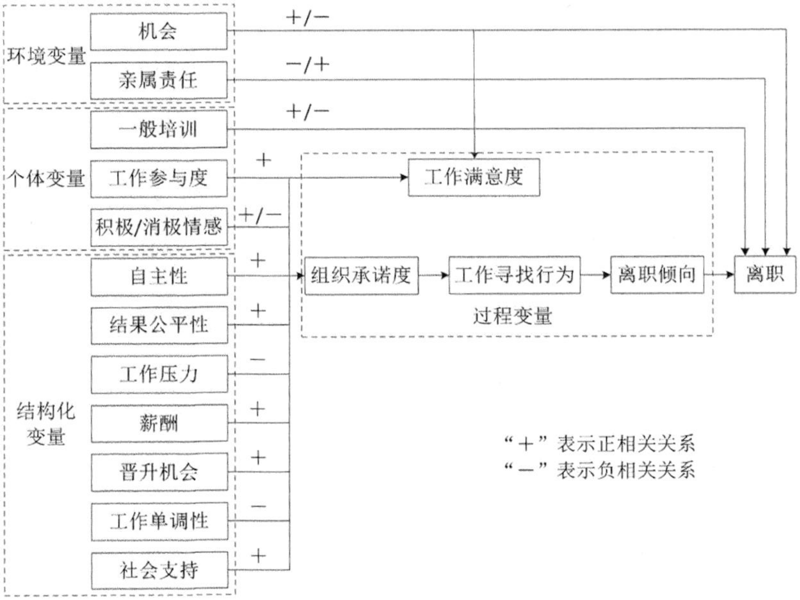

图 2.7　Price&Mueller（2000）模型

该模型最大的优点在于吸收了多个学科领域的离职研究成果，可以很好地预测、解释员工离职的心理过程，缺点在于模型所包含的变量数太多，而且某些变量之间的中介影响过程没有得到很好的解释。

以上几个理论模型分别从不同的角度讨论了员工流出和离职的路径，试图用多个变量解释和说明员工的离职行为，多以工作满意度和组织承诺作为影响员工离职倾向和离职的指标，并把员工离职当作一个过程来研究。他们的研究成果对员工离职理论做出了很大的贡献，为今后离职问题的研究奠定了重要的理论基础。

2.3 本章小结

本章首先对几个基本概念进行了界定。心理契约是员工与组织之间一种隐形的、“未书面化的契约”，约定的核心是双方必须遵循“对等关系”，享受权利的同时还要履行义务。幸福感是一种目标，一种对真善美的期待，是一种积极的情绪体验。离职倾向属于主动离职的范畴，是员工对工作不满，产生明确离职行为之前的一种心理状态。

在此基础上，本章分别对组织行为学相关理论、人力资源管理相关理论、新生代员工理论、心理契约理论、离职倾向理论等进行了梳理归纳。其中心理契约理论是从心理学起源发展而来，基于多个领域的理论基础。

第三章　研究设计

本章首先对研究对象及研究变量进行了界定并解释说明，然后提出研究模型和研究假设，最后分析研究工具及样本情况，为后文的实证研究奠定了基础。

3.1　研究对象的界定

3.1.1　新生代员工

如前章所述，国内外学者对于新生代员工并没有非常明确的界定，大多数是从出生年代和成长背景来进行划分的，一般将其定义为出生于 20 世纪 80 或者 90 年代并且已经参与工作的群体。

通过对国内外新生代员工研究成果的梳理和分析，结合我国的文化背景，按照18周岁的法定工作年限计算，本书定义的新生代员工指年龄在18（出生于2000年）至38岁（出生于1980年）之间，伴随着中国改革开放、市场经济体制确立、经济全球化和高科技产业革命成长起来的，接受了一定高等教育已步入职场的可识别群体。这个群体是企业真正的新生力量，是特点鲜明、可塑性极强且明显区别于其他年龄段员工的群体。根据《中国统计年鉴》的数据，到2019年，在此年龄跨度内的人数达到了2.80亿，是我国就业人员中一个不可忽视的庞大群体。

3.1.2 研究对象的个性特征

由于我国特殊的社会经济环境，新生代的员工有自己独有的特征。且由于新生代员工与雇主之间存在的代际差异，使雇主与新生代员工的自我认知形成了严重错位:新生代员工认为自己责任心强、学习能力强、工作踏实、思想独立；而雇主们则觉得他们不稳定、自律性差、自信心强，这给企业的组织管理带来了新的挑战。

近年来，由于网络和媒体的高速发展，使得新生代员工一直处于媒体和舆论的风口浪尖上，其中较多的言论是关于新生代员工的个性特征和行为偏好的，还有一些言论是将新生代员工细分为“80后”“85后”和“90后”，并对其进行对比分析。表3.1是本书整理的有关新生代员工个性特征的观点。

表 3.1 关于新生代员工的评价

学 者	对新生代员工的评价
李 梅（2014）	“85 后”比“80 后”个性更加张扬，比“90 后”稳重，教育程度高、自我价值的展现欲望高；渴望被尊重，缺乏实践的教育；在工作上，忽视人际关系，敢于向权威挑战，辞职率较高
姚 雪（2015）	新生代员工强调利益的获取，注重物质和自身生活的改善；他们厌恶管束，不希望被条条框框的规章制度所限制，愿意接受那些具有挑战难度、趣味性强的任务；其成才意识是非常强烈的，总是习惯性地按着自己的思路安排工作，对于企业来讲是有一定风险的
郑晓璐（2016）	新生代员工受过精英化的教育，拥有先进的专业知识和系统化的思辨能力；受到不同文化的影响而表现出多元化的文化价值观；由于计划生育政策的严格执行，其自我中心意识更强，缺乏团队合作意识，不懂得分享；职业观也愈趋向动态化，更加追求一种平等的回报，对个人的职业发展的平台、多样化的职业责任、可支配的上班时间及地点和富有挑战性的工作内容等也有更高的期望
段晓琛（2016）	新生代员工是在父母过度呵护照顾下成长起来的，心理承受能力较差，心理缺乏弹性，易产生心理波动；期望组织提供较高的福利待遇、弹性化的工作、好的发展机遇，看重组织提供的支持是否公平，对工作效果缺乏足够的耐心
马 静（2018）	新生代员工还没体验到生活的困难，以快乐为导向，崇尚自由，追求民主；有自己的主见，在开发新产品、设计新方案上都有着较强的创新能力；对组织的依附感较弱，只是将职场看作是实现自身价值的场所，离职流动率较大
谢良鸿（2013）（中国人力资源管理协会副秘书长）	“80 后”和“85 后”在工作上还是存在很大差异的。“80 后”在接到企业的面试或者笔试通知时基本不会迟到，会服从企业的安排；“85 后”却经常以各种借口为由迟到，对企业的安排提出各种异议。在工作的行为方面，“80 后”更关心工作的内容和安排，他们的抗压能力和责任都强于“85 后”；而“85 后”更看重工作环境和工作待遇，在做之前就表达对工作的看法，在过程中反馈和沟通较少

由上表可以看出，学者们对“新生代员工”这个特殊群体是十分重视的。虽然不同的学者对“新生代员工”评价的侧重点不同，但是总体可以看出，“新生代员工”是一个优点和缺点都十分突出的群体。与老一代的员工相比，新生

代员工具有工作稳定性差、抗压能力低、眼高手低、心理脆弱等缺点。但是，另一方面，新生代员工又具有较高的教育背景、创造性强、敢想敢干、头脑灵活等优点。根据智联招聘调查显示，目前新生代员工在企业的比例已过半，在高科技企业中占比高达 70% 以上，有 1/3 以上的新生代员工已进入管理层或核心岗位，这一群体已逐步成为职场的主力军和中坚力量。因此，探究影响他们的离职倾向的原因，针对新生代员工内部不同的群体采取差异化的管理策略，以实现有效激励，对企业的有效管理是非常有意义和必要的。

3.2 研究变量的界定

3.2.1 心理契约

不同学者对心理契约的定义、内容、结构和类型尚未形成统一的认识。本书通过对前人观点的研究和理解，认为心理契约是组织和员工双方对雇佣关系中彼此相互责任和义务的感知，这种感知是客观存在的，影响着员工的工作效率、幸福感和离职意愿。为了能将问题分析得更加全面、透彻，本书从契约涉及的不同主体的角度出发，将心理契约细分为组织心理契约、员工心理契约、团队心理契约和契约履行四个方面。其中，员工层面和组织层面的心理契约都包含“员工对组织的责任”和“组织对员工的责任”，即本书对心理契约的研究是通过员工交易、员工关系、团队成员、组织交易、组织关系、契约履行六个维度来进行具体的分析。

3.2.2　幸福感

对于幸福的理解，每个人都有不同的感觉。有的人需要很多的物质才能觉得幸福，有的人只要有家人的陪伴就会觉得很幸福，有的人事业有成才会觉得幸福，还有的人从生活的细节和微小的东西中就会感受到幸福。员工幸福感主要来源于客观幸福感和主观幸福感。一方面，员工幸福感是对生活、工作等方面进行优化，具有客观意义；另一方面，员工对工作有正面认知评价和积极的情感，就会获得主观幸福感，这是通过对工作中各方面满意度进行整合而产生的总体情感。本书结合中国特有文化，从人们的生活、工作及两者的平衡关系出发，对其进行研究分析。本书研究的幸福感包括三个部分：一是生活幸福感，主要是对人们在生活中的获得感、对自己生活状况的满意度以及在生活中的人际交往情况的调查；二是工作幸福感，主要是从工作环境、工作报酬、同事关系、职业发展四个方面进行满意度调查；三是工作—生活平衡幸福感，主要是对员工工作和生活之间关系的平衡状况的调查。

3.3.3　离职倾向

离职倾向是员工内心的一种思考过程，指的是员工个体想要离开企业的一种想法或是一种倾向，而不是一种具体的行为。本书有关离职倾向的定义借鉴蔡坤宏（2000）的观点，认为离职倾向是员工个体在态度上的一种偏向，是员工在离职前存在的未来离职的一种心理上的倾向，企业对于即将面临的这种心理倾向是能够明显感知的。大多数学者将研究的焦点集中于离职倾向的影响因素上，他们认为影响员工离职倾向的共同因素主要包含外部的环境因素、员工的工作满意度、员工的组织承诺及员工的个体差异特征等几个方面。本书参考前人对离职倾向的研究方向，借鉴香港学者樊景立等（1998）开发的Farh量表，侧重于从员工的心理感受来探讨员工的心理状态，进而研究心理契约和幸福感对离职倾向产生的影响。

3.3 研究假设与假设模型

3.3.1 与性别差异相关的假设

与男性员工相比，女性员工更加友善、温和、被动，受情感影响较大，她们重视达到个人目标，并希望获取周围同事和上级的认可。女性的家庭角色使得她们在企业工作时较少受利益驱动。相反，她们更加关心内部工作因素，如企业发展前景以及同事关系等，她们希望与企业建立一种长期稳定的工作关系，从而支持其在家庭中的角色。一旦这种默契建立，她们对于企业的忠诚度与依赖度也会越来越高。因此，她们更容易与企业形成长期关系型心理契约，离职意愿相对较弱。由《2018中国女性幸福报告》可知，女性群体整体幸福感水平高于男性群体，但在统计学意义上，男女主观幸福感差异不显著。同时，报告分析显示，影响女性幸福感的主要因素来自于家庭和健康两个方面，故女性员工更注重生活幸福感。基于以上研究，笔者提出以下假设：

H1：不同性别条件下心理契约存在显著差异；

H2：与新生代男性员工相比，新生代女性员工更注重关系型心理契约；

H3：与新生代女性员工相比，新生代男性员工更注重交易型心理契约；

H4：不同性别条件下新生代女性员工更注重团队成员维度的心理契约；

H5：不同性别条件下心理契约的履行程度存在显著差异；

H6：不同性别条件下员工的幸福感无显著差异；

H7：与新生代男性员工相比，新生代女性员工更注重工作幸福感；

H8：与新生代男性员工相比，新生代女性员工更注重生活幸福感；

H9：与新生代男性员工相比，新生代女性员工的工作—生活平衡幸福感更差；

H10：与新生代女性员工相比，新生代男性员工的离职倾向更强烈。

3.3.2　与年龄差异相关的假设

本书对相关学者的研究成果梳理如下：Victoria Bellou（2009）指出不同年龄阶段的员工与企业建立心理契约的类型不同，对待工作的态度和行为也不同。青年员工（25~35 岁）在工作初期通常有较大的雄心抱负，对工作前景抱有更多期望，他们希望获得公平竞争的机会，施展自身所长，并希望自己额外的努力能够得到企业的认可，获得额外的报酬或职业培训。何蕊（2013）发现年龄较小的员工在工作初期由于具备年龄优势，发展机会多，工作稳定性不高；相比中年员工，与组织间的情感联系不强。根据《中国经济生活大调查（2017—2018）》一书，在感到幸福的人中，大学生群体和刚刚步入社会的“95后”的占比最高。综上所述，本书将年龄介于18~35岁的新生代员工归为新生代青年员工，而将35岁以上的新生代员工定为新生代中年员工，并提出以下假设：

H11：不同年龄条件下心理契约存在显著差异；

H12：与新生代中年员工相比，新生代青年员工更注重交易型心理契约；

H13：与新生代青年员工相比，新生代中年员工更注重关系型心理契约；

H14：不同年龄条件下团队成员心理契约责任无显著差异；

H15：与新生代青年员工相比，新生代中年员工更注重心理契约的履行；

H16：不同年龄条件下幸福感存在显著差异；

H17：与新生代中年员工相比，新生代青年员工的工作幸福感更高；

H18：与新生代中年员工相比，新生代青年员工的生活幸福感更高；

H19：与新生代中年员工相比，新生代青年员工的工作—生活平衡幸福感更强；

H20：与新生代中年员工相比，新生代青年员工的离职倾向更明显。

3.3.3 与学历差异相关的假设

时代背景使新生代员工大多数拥有本科学历，知识水平较高。风笑天（2012）指出，对于改革开放背景中成长起来的、学历上更具同质性的新一代青年来说，夫妻之间在文化程度上是否相同或者谁高谁低，对各自的生活幸福感无明显影响。马娜超（2015）以IT企业员工为研究对象，采用调查问卷和统计分析方法，发现对于不同学历的IT企业员工来说，心理契约违背和工作幸福感之间并未表现出显著差异，也就是说学历水平不是影响员工幸福感的重要因素。基于以上研究，本书提出以下假设：

H21：不同学历条件下心理契约无显著差异；

H22：不同学历条件下员工幸福感无显著差异；

H23：不同学历条件下离职倾向无显著差异。

3.3.4 与生活状况相关的假设

工作与生活就像成长轨迹上的两条轨道，缺一不可。家庭是社会的基本细胞，也是个体生存的最初环境。家庭幸福是人们的共同追求，是个体幸福的基本保障。学者对于家庭幸福指标一般使用婚姻状况的好坏与子女的多少来衡量。邹循豪等（2012）以婚否为因素，对心理契约履行进行单因素方差分析，发现参加调查的教师不存在显著差异。中国历来存在着“多子多福”的传统观念，穆峥和谢宇（2014）的研究表明，生育更多孩子会给父母，尤其是母亲，带来更强的主观幸福感。基于以上研究，本书提出以下假设：

H24：不同生活状况下心理契约无显著差异；

H25：不同生活状况下生活幸福感存在显著差异；

H26：不同生活状况下离职倾向存在显著差异。

3.3.5 与工龄差异相关的假设

员工在企业的工作时间越长，企业就会越来越重视双方的关系责任。工作时间更长的员工会得到更好的薪酬待遇，其个人晋升与发展的机会也更多，因此他们更愿意继续留在企业中，具有较低的离职倾向。Nele De Cuyper 等人（2006）指出，不同类型的员工与企业建立起的心理契约也不尽相同，工作时间较长或者永久性工作的员工，通常与企业的关系型心理契约较为牢固，而临时工和初期工作的员工则容易与企业建立交易型心理契约。王臻（2009）指出，不同工作年限的员工在对企业发展的信心、工资福利、个人发展的机会等方面存在显著差异。新入职员工的归属感和敬业精神还没有形成，离职倾向较高。工龄为 3~5 年的员工对工作逐渐熟悉，离职倾向有所下降。基于以上研究，本书提出以下假设：

H27：不同工龄条件下心理契约存在显著差异；

H28：工龄越长，新生代员工的关系型心理契约越牢固；

H29：工龄越短，新生代员工越注重交易型心理契约；

H30：不同工龄条件下团队成员的心理契约责任存在显著差异；

H31：不同工龄条件下心理契约履行程度存在显著差异；

H32：不同工龄条件下员工的幸福感存在显著差异；

H33：不同工龄条件下员工的生活幸福感存在显著差异；

H34：工龄越长，新生代员工的工作幸福感越强；

H35：工龄越长，新生代员工的工作—生活平衡幸福感越强；

H36：工龄越短，新生代员工的离职倾向越强烈。

3.3.6　不同变量之间相关性的假设

员工对于组织中的工作，花费了大部分时间，投入了许多精力和注意力，组织已经变成了员工人际、社会和政治关系的结合体。《幸福的真谛》一书指出，工作是员工幸福感的重要来源。员工需要通过组织展现自己的能力，通过工作阐释自己的价值，寻找生活的意义。孙国霞（2012）以中国驻济三所高校图书馆在职人员为研究对象，通过调查问卷的形式，采集原始数据，探讨中国文化背景下心理契约、工作幸福感和工作绩效之间的关系，并通过实证研究发现心理契约变量对工作幸福感具有显著正向影响。强萌（2015）通过对海归及本土女性知识型员工的样本数据进行统计分析，研究心理契约与工作幸福感的关系，发现海归女性知识型员工的心理契约及其各维度与员工的幸福感显著正相关。据此，可以假设：

H37：心理契约及其各维度与员工幸福感显著正相关。

在任何行业，如果员工长期处于流动状态，势必会造成行业内部的不稳定。心理契约的引进，对行业内部员工的心理研究发挥了重要的作用，组织可以通过对离职倾向的分析，进一步了解员工的心理状况，进而消除员工心中的违背因素，提高员工忠诚度，避免人员的流动。孙峰（2010）以私营企业员工的心理契约为自变量，以离职行为的最佳预测变量——离职倾向作为因变量，采用访谈和发放调查问卷相结合的方式，对两者之间的关系进行研究，发现两者有着负向的相关关系。李华（2015）以新生代知识型员工为研究对象，以心理契约理论为基础，引入工作满意度为中介变量，重点探讨心理契约履行情况对新生代知识型员工离职倾向的影响程度，发现心理契约履行情况与离职倾向显著负相关的理论对新生代知识型员工同样成立。据此，可以假设：

H38：心理契约及其各维度与离职倾向显著负相关。

当前，市场竞争日益加剧，企业的竞争归根到底是人的竞争。企业能否拥有和留住人才，直接关系到企业的生存与发展，也关系到能否建立一支素质高、稳定性强的队伍，而提高工作幸福感是保持员工队伍稳定的重要因素，也是防范员工离职的一项重要策略。黄菲（2016）等从工作价值性、薪酬满意度、组织支持力度等六个维度，通过问卷调查的实证方法，运用结构方程模型分析工具，验证了工作幸福感对知识型员工离职意向有显著影响作用。冯书娟（2013）通过问卷调查方式，详细探讨了薪酬公平感、主观幸福感与离职倾向三个变量之间的相关性影响，并基于实证分析得出，员工主观幸福感对离职倾向具有负相关关系的结论。据此，可以假设：

H39：幸福感及其各维度与离职倾向具有显著负相关性。

3.3.7 不同变量之间回归性的假设

通过参考、借鉴已有文献，结合本书第三章对心理契约、幸福感、离职倾向三者之间的作用关系的梳理，笔者作出如下假设：

H40：心理契约及其各维度对幸福感及其各维度具有预测能力；

H41：心理契约及其各维度与离职倾向具有预测能力；

H42：幸福感及其各维度与离职倾向具有预测能力。

3.3.8　中介作用的假设

当一个变量能够解释自变量和因变量之间的关系时，我们就认为它起到了中介作用。研究中介作用的目的是，在我们已知某些关系的基础上，探索产生这种关系的内部作用机制。对中介变量的研究是在原有的两个变量关系基础上的进一步研究。

心理契约就是个体所表现出来的一种心理状态，也就是个体心理因素及人格特质的写照，它可以通过多种方式影响员工的幸福感和员工的工作行为，所以员工的离职倾向也会受到各种心理情感的影响。传统的企业管理理念认为，企业管理的目的就是提升组织绩效，然而随着员工在组织中地位的提升，组织开始重视员工的需求，因为只有满足了员工的需求，员工才会在工作中投入更多的时间和精力，继而提升工作绩效。尤其是对于新生代员工而言，性格特点更加突出，只有员工主观上愿意为企业付出，才能为企业创造更多的剩余价值。因此，当前的企业管理实践不能仅仅关注绩效的提升，还要越来越多地关注如何发现并满足员工的各种需求，为其创造舒适的工作环境和氛围，也就是提升员工的幸福感，从而降低员工的离职倾向，为企业留住人才。王振（2014）以知识型员工为研究对象，着重探究人力资源管理实践、主观幸福感与工作绩效之间的作用机理，检验了主观幸福感在二者之间的部分中介作用。邹琼等（2015）根据工作幸福感外溢—交叉动态模型，发现社会互动机制可以产生家庭—生活冲突或增益来影响工作幸福感，进而影响员工在组织中的认知与行为，即工作幸福感在社会互动与离职倾向之间起中介作用。基于以上研究，本书提出以下假设：

H43：幸福感在心理契约及其各维度与离职倾向之间具有中介作用。

综合上述理论推导，本书提出心理契约通过幸福感的部分中介作用对员工的离职倾向产生影响的总体研究思路。基于以上的假设，本书拟构建三个变量之间的假设结构图，如图 3.1 所示。

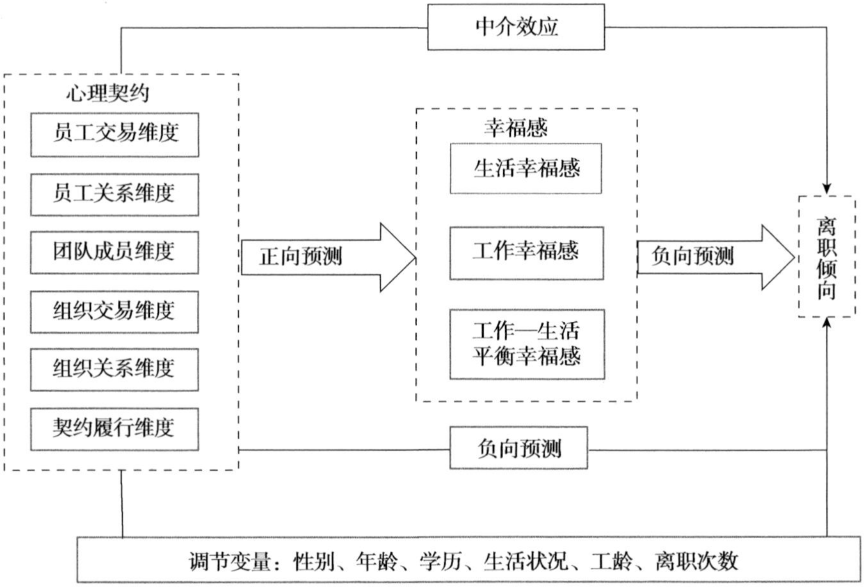

图 3.1　假设结构图

3.4　数据分析方法

3.4.1　描述性统计分析

描述性统计分析是将所获数据进行整理、描述，归纳数据的各种特征，描述数据整体的分布情况的统计方法，主要包括数据的频数分析、集中趋势分析、离散程度分析。

（1）数据的频数分析。在数据的预处理部分，利用频数分析和交叉频数分析可以检验异常值，从而剔除极端数据，增强研究的普遍性与准确性。

（2）数据的集中趋势分析。它被用来反映数据资料的一般水平，常用的指标有平均值、中位数和众数等。

（3）数据的离散程度分析。它主要是用来反映数据之间的差异程度，常用的指标有标准差。标准差的绝对值越小，表示该数据的离散程度越小，反之则越大。

本书采用 SPSS 分析工具，首先对样本数据进行预处理，删除答案中有连续 10 个相同答案的极端问卷数据。其次对参与调研的新生代员工的基本信息，即样本分布状况进行频率分析，具体来说就是对性别、学历、生活状况这些无序分类变量和年龄、工龄这些有序分类变量进行频率分析。最后，由于模型中的其他变量都是采用李克特五级评分得出的结果，都属于连续数值型变量，故对其进行描述统计里面的描述分析，即分别从最小值、最大值、均值和标准差这四个方面进行具体的分析。

3.4.2　信度分析

信度用来表示量表在测量相关变量时是否具有稳定性和一致性，即测量量表是否能够稳定地测量所测的事物或变量，一般多以内部一致性来表示该测验信度的高低。

Cronbach's α 是目前最常用的信度系数，它表明量表中每一个问题得分之间的一致性。这种方法适用于项目多重记分的测验数据或问卷数据，可以用该系数测量李克特量表的信度。α 信度系数可以解释用量表测量某一等级所得分数的变异中，有多大比例是由真分数所决定的，从而反映出测试的可靠程度。例如，α = 80.0 时可以说测试所得分数的 80% 是来自真分数的变异，而仅有 20% 的变异来自随机误差。根据心理学学术测量上的规定，Cronbach's α 值的大小代表不同的含义（如表 3.2 所示），Cronbach's α 值越接近于 1，该量表的信度就越好。

表 3.2　Cronbach's α 值的判别标准

Cronbach's α 值	0.6~0.65	0.65~0.7	0.7~0.8	大于 0.8
量表信度	不可取	勉强接受	比较好	非常好

本书通过克朗巴哈系数（Cronbach's α）来判断心理契约量表、幸福感量表和离职倾向量表的可信程度，并认为当 Cronbach's α 值大于 0.7 的时候，说明评估问卷是有信度的，是值得分析的。

3.4.3　效度分析

效度也称为测量的有效度或者准确性，是指测量工具是否能够准确测量出所要测量的变量，即所测量到的结果反映想要考察内容的程度，或者简单地说是指一个测验的准确性、有用性。效度是科学的测量所必须具备的重要条件。鉴别效度须明确测量的目的与范围，考虑所要测量的内容并分析其性质与特征，检查测量的内容是否与测量的目的相符合，进而判断测量结果是否反映了所要测量的特质。测量结果与要考察的内容越吻合，效度越高;反之，则效度越低。

效度分为三种类型：内容效度、构念效度、效标效度。本书所涉及的效度检验主要有内容效度和构念效度，由于本书使用的量表均是在成熟量表的基础上进行修改的，其内容效度已得到实践的认可，故不再进行内容效度检验。本书通过 KMO 值和巴特利特球形检验（Bartlett 球形检验）对构念效度进行检验。KMO 值是用于比较变量间简单相关系数和偏相关系数的指标。KMO 的统计量取值在 0~1，KMO 值越接近于 1 则相关性越强，原有变量越适合做因子分析；KMO 值越接近于 0 则相关性越弱，原有变量越不适合作因子分析。一般而言，KMO 的度量标准如下:0.9~1 之间表明非常合适，0.8~0.9 之间表明合适，0.7~0.8 之间表明一般，0.5~0.7 之间表明不太合适，0~0.5 之间表明极不合适。本书认为，当 KMO 值大于 0.8，并且巴特利特球形检验结果显著时，可以进行探索性因子分析。分析主成分因子，如果特征值大于 1 并且量表各题项的因子载荷量大于 0.5，则表明量表具有较好的构念效度。

3.4.4　独立样本 T 检验和单因素方差分析

独立样本 T 检验和单因素方差分析（One-Way ANOVA）都是进行均值比较的应用。T 检验是用 T 分布理论来推论差异发生的概率，从而比较两个平均数的差异是否显著，其中独立样本 T 检验是比较两组独立数据的均值是否存在差异，只适用于两个独立组之间均值的比较。单因素方差分析，用于完全随机设计的多个样本均值间的比较及研究一个控制变量的不同水平是否对观测变量产生了显著影响，适用于三个及三个以上独立组之间均值的比较。

通过对相关概念的理解及辨析，本书将问卷所涉及的人口统计学变量进行认真分类，对性别这一控制变量运用独立样本 T 检验，对于问卷中所涉及的其他人口统计学变量进行单因素方差分析，以研究人口统计学变量对样本结果的影响效应。

3.4.5 相关分析

相关分析是研究随机变量之间相关关系的一种统计方法，是研究两个及以上的变量是否存在某种依存关系，并对确实具有依存关系的现象探讨其相关方向及相关程度，进而对不同变量之间关系的密切程度进行描述，并用适当的统计指标表示出来的过程。相关性的强弱由相关系数的绝对值来描述，当绝对值为0时，表明两个变量之间不相关；当绝对值为1时，表明两个变量之间完全相关；当绝对值在 0~1 之间，表明两个变量之间不完全相关。即绝对值越接近于 1 表明两者相关性越强，反之则越弱。

本书采用皮尔逊系数（Pearson 系数）来进行新生代员工心理契约、幸福感和离职倾向之间相关性及相关程度的验证，同时为后续的回归分析做铺垫。

3.4.6 回归分析

回归分析是指利用统计分析方法，确定自变量和因变量之间的因果关系及依存规律，是研究变量之间定量关系的一种分析方法。在大数据分析中，回归分析是一种预测性的建模技术，通常用于预测分析。

本书使用回归分析对心理契约和离职倾向之间的关系进行了研究，同时运用层次回归分析来检验员工幸福感的中介作用：对心理契约和离职倾向进行回归分析，若系数显著，则对心理契约、幸福感和离职倾向三个变量同时进行回归分析，若系数均显著，则通过比较前后两次线性回归的 ΔR^2 的变化来验证幸福感在其中的中介作用，从而验证本书所提出的假设及模型的正确性。

3.5 心理契约量表、幸福感量表和离职倾向量表开发与设计

3.5.1 心理契约量表

通过比较各量表优劣性，结合中国特殊文化背景，本书采取了 Rousseau 和 Tijioriwala（1996）对心理契约变量三维说的观点，即心理契约由关系维度、交易维度和团队成员维度构成，后两个维度是从二维结构中的关系维度中分离出来的，一个指向事业和工作方面，一个指向人际交往和人际关怀方面。李原（2002）用验证性因子分析、路径分析和回归分析对心理契约的结构进行了探索，认为心理契约的三维结构更符合中国国情。因此，本书的心理契约量表借鉴 Rousseau 编制的《心理契约量表》，通过对此量表进行部分修改，形成心理契约调查问卷。该问卷员工交易维度（1~5）、员工关系维度（6~9）、团队成员维度（10~12）、组织交易维度（13~17）、组织关系维度（6~10）和心理契约履行维度（1~4）组成，采用李克特五级评分，分为“一点也没有”“很少”“有一些”“相

当一部分”“很大程度”，相应的分数为 1、2、3、4、5。该问卷均采用正向计分，调查者所得分数越高，说明他的心理契约状态越好，履行程度越高。

3.5.2 幸福感量表

本书参考国外常用的幸福感量表、工作幸福感量表及国内学者编制的幸福感量表，结合实际情况，编制了适用于本书的《幸福感调查问卷》。该问卷包括三个部分：生活幸福感（D1~D5）、工作幸福感（D6~D10）和工作—生活平衡幸福感（D11~D15）。其中，生活幸福感主要从员工对目前生活状态的满足程度、在生活中的人际交往情况、员工对生活的感受三个方面进行调查；工作幸福感主要从工作环境、工作报酬、同事关系和职业发展四个方面进行调查；工作—生活平衡幸福感主要从工作对生活的影响、生活对工作的影响、平衡两者之间的关系三个方面进行调查。该量表采用李克特五级评分，答案分别为“不符合”“有些不符合”“介于中间”“有些符合”“符合”，相应的分数为 1、2、3、4、5，该问卷均采用正向计分，调查者所得分数越高，说明他的幸福感越强。

3.5.3 离职倾向量表

关于离职倾向的调查，本书主要了参考香港学者樊景立等（1998）开发的 Farh 量表。该量表是单维度的量表，采用李克特五级评分，答案为“非常不同意”“不太同意”“一般”“比较同意”“同意”，相应的分数为 1、2、3、4、5，该问卷均为正向计分，调查者所得分数越高，表明他的离职倾向越强烈。

本书的调查问卷主要运用成熟的权威量表，根据研究需求对题目的叙述进行简单修改，并保持了量表题目的本意。问卷在小范围内进行测试、修订的基础上，形成了正式调查所采用的问卷。

3.5.4　各个量表的发放与回收

2018 年 12 月，问卷调查开始进行，主要包括在网络上设计问卷，网络发放问卷、回收问卷、问卷整理等步骤。为保证样本量及调查对象的广泛性，主要通过三种方式进行问卷发放。

一是通过已毕业的大学同学及本专业的老师，以滚雪球的方式向他们的同事发送网络调查问卷，这一部分问卷主要来源于中部地区和南方地区，如河南、江苏、上海等地。

二是借助同学的人脉资源，向符合问卷调查对象的亲朋好友发送网络调查问卷，这一部分问卷主要集中在北方地区，如山西、河北、北京等地。

三是向之前实习的工作单位发送网络调查问卷。

本次调查共发放问卷 300 份，回收 300 份。有效问卷 270 份，占回收问卷的 90%。

3.6　本章小结

笔者通过阅读大量参考文献，结合本书在第一章提出的研究目的和研究内容，在对相关的实证研究归纳整理的基础上，得到实证研究模型图，如图 3.2 所示。

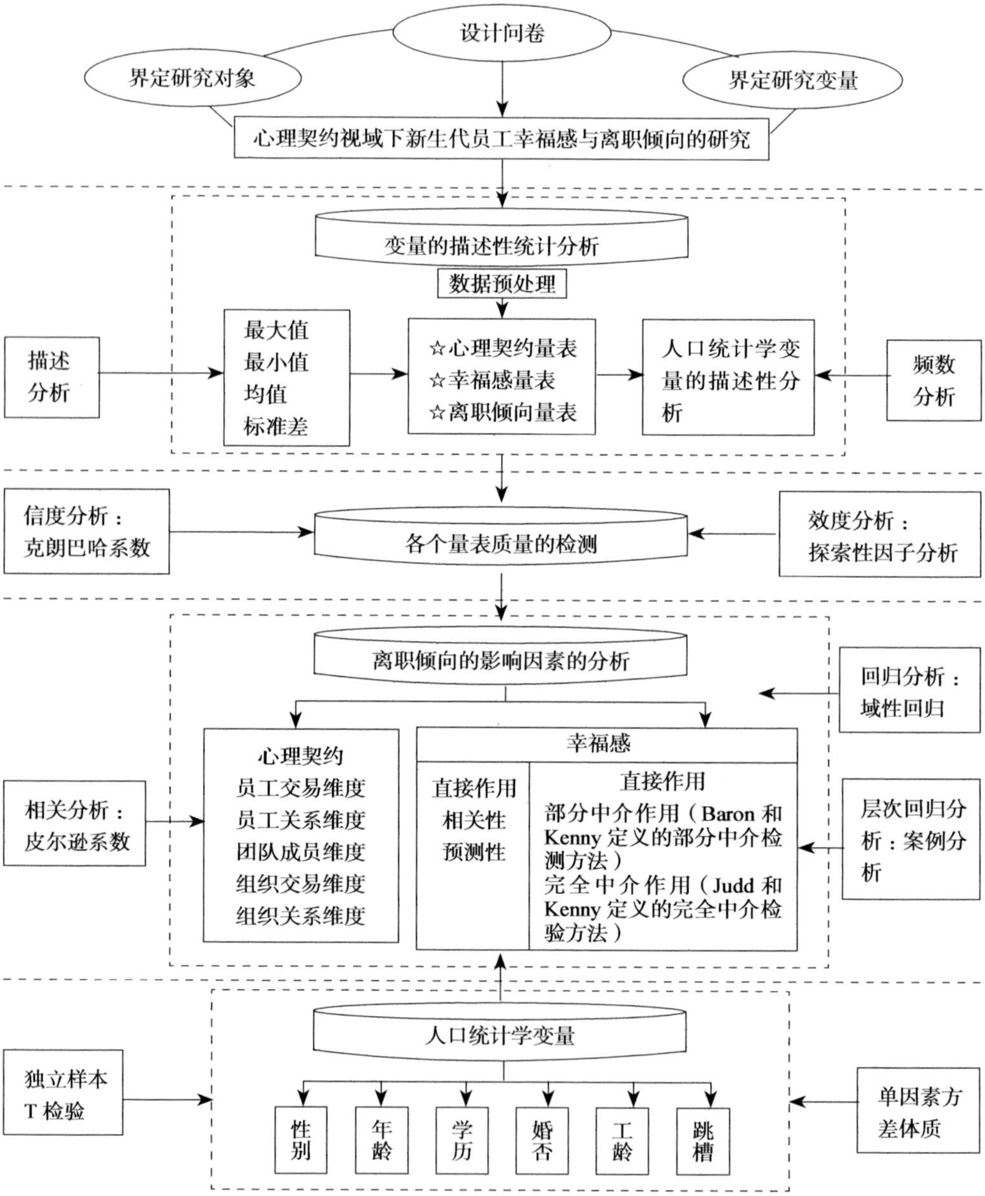
设计问卷
界定研究对象
界定研究变量
心理契约视域下新生代员工幸福感与离职倾向的研究
变量的描述性统计分析
数据预处理
描述分析
最大值
最小值
均值
标准差
☆心理契约量表
☆幸福感量表
☆离职倾向量表
人口统计学变量的描述性分析
频数分析
信度分析：克朗巴哈系数
各个量表质量的检测
效度分析：探索性因子分析
离职倾向的影响因素的分析
回归分析：域性回归
心理契约
员工交易维度
员工关系维度
团队成员维度
组织交易维度
组织关系维度
幸福感
直接作用
相关性
预测性
直接作用
部分中介作用（Baron 和 Kenny 定义的部分中介检测方法）
完全中介作用（Judd 和 Kenny 定义的完全中介检验方法）
相关分析：皮尔逊系数
层次回归分析：案例分析
人口统计学变量
独立样本 T 检验
性别
年龄
学历
婚否
工龄
跳槽
单因素方差体质

图 3.2　实证研究模型图

第四章　实证分析

本章首先对心理契约、幸福感和离职倾向三个变量进行信度及效度检验，以此来确定测量量表的内部一致性和有效性；其次，通过相关分析对变量间的相关性在方向上和大小上进行初步判断；最后，采用回归分析的方法对变量间的因果关系进行判断，并对中介作用进行检测分析。

4.1　研究变量的描述性统计

4.1.1　样本的描述性分析

样本按性别、出生年份、学历、生活状况和工龄进行分类，样本的详细情况见表 4.1。

表 4.1　样本描述情况（n=270）

人口学变量	编码	类别	人数（人）	百分比（%）	累计百分比（%）
性别	1	男	96	35.6	35.6
	2	女	174	64.4	100.0
出生年份	1	1980—1984	34	12.65	12.6
	2	1985—1989	52	19.3	31.9
	3	1990—1994	32	11.9	43.7
	4	1995 以后	152	56.3	100.0
学历	1	高中及以下	46	17.0	17.0
	2	大专	16	5.9	23.0
	3	本科	174	64.4	87.4
	4	研究生及以上	34	12.6	100.0
生活状况	1	单身	152	56.3	56.35
	2	已婚，无子女	8	3.0	59.3
	3	已婚，有子女	86	31.9	91.1
	4	离异，有子女	4	1.5	92.6
	5	其他	20	7.4	100.0
工龄	1	1 年以内	146	54.1	54.1
	2	1~2 年	28	10.4	64.4
	3	3~5 年	32	11.9	76.3
	4	5 年以上	64	23.7	100.0

注：n 表示该项目调研的有效案例数目。

通过表 4.1 可知，参与调研的新生代员工中，女性员工有 174 名，占总样本的 64.4%，这与近年来的人口性别结构失衡状况相照应；从出生年份及工龄来看，参与调查的对象大多数为“95”后，而其他年份出生的员工占样本总量的 43.7%，基本符合现有企业员工的年龄分布情况；从学历来看，参与调研的新生代员工中本科学历者为 174 人，本科及以上学历者占比过半，说明样本学历普遍较高，即新生代员工出生、成长时，教育已被重视、普及，这与新生代员工受教育程度高的特点相契合；生活状况与年龄结构相对应，单身者最多，占样本总量的 56.3%，说明调查对象的生活负担相对较小，对生活的幸福感更多地表现在对目前生活的满足程度、人际交往等方面。从这些数据可以看出，本次问卷的发放对象基本符合心理契约视域下新生代员工幸福感和离职倾向研究主题，能够满足本次研究的需求。

4.1.2　心理契约的描述性分析

笔者通过对调查问卷的数据收集和整理，采用 SPSS 分析工具，分别从最小值、最大值、均值和标准差四个方面对心理契约及其各维度进行描述性分析，具体情况见表 4.2。

表 4.2　心理契约的统计分析表（n=270）

变量名称	变量维度	最小值	最大值	平均值	标准差
心理契约		2.07	5.00	3.9708	0.91769
	员工交易	2.00	5.00	4.1000	0.92683
	员工关系	1.50	5.00	3.8833	0.95997
	团队成员	1.33	5.00	4.0000	0.90417
	组织交易	2.00	5.00	4.0711	0.89456
	组织关系	2.00	5.00	3.9526	0.86636
	契约履行	1.75	5.00	3.8944	0.97716

注：n 表示该项目调研的有效案例数目。

通过表 4.2 可知，整体心理契约的平均值为 3.9708，具有较好的心理契约。心理契约的履行程度的平均值为 3.8944，强度较高，团队成员心理契约的平均值为 4.0000，说明企业员工之间团队意识较强。交易维度的平均值高于关系维度的平均值，这就表示在企业中，员工和组织之间主要是物质因素在维系合作关系。心理契约所有维度的标准差都相差较大，说明不同的员工对心理契约不同维度的认知的差异性较大。

4.1.3　幸福感的描述性分析

通过对调查问卷中关于幸福感的相关数据的整理，本书对幸福感及其各维度进行了描述性分析，具体情况见表 4.3。

表 4.3　幸福感的统计分析表（*n*=270）

变量名称	变量维度	最小值	最大值	平均值	标准差
幸福感	整体幸福感	2.00	5.00	3.8351	0.69906
	生活幸福感	2.00	5.00	3.8459	0.77187
	工作幸福感	2.00	5.00	3.8948	0.70216
	工作—生活平衡幸福感	1.60	5.00	3.7644	0.89070

注：*n* 表示该项目调研的有效案例数目。

通过表 4.3 可知，员工整体幸福感的平均值达到 3.8351，标准差为 0.69906，幸福感水平不是很低，而且对幸福感的认知，差异不是很大。生活幸福感和工作幸福感的平均值分别为 3.8459 和 3.8948，都比较高，这说明员工对自己的生活和工作比较满意，幸福感较高。工作—生活平衡幸福感维度的平均值为3.7644，低于其他维度，说明员工在工作和生活平衡中的幸福感略低。

4.1.4　离职倾向的描述性分析

通过对调查问卷中关于离职倾向的相关数据的整理和计算，本书对离职倾向进行描述性分析，具体情况如表 4.4 所示。

表 4.4　离职倾向的统计分析表（n=270）

变量名称	最小值	最大值	平均值	标准差
离职倾向	1.00	5.00	3.0630	0.99753

注：n 表示该项目调研的有效案例数目。

通过表 4.4 可知，员工离职倾向的平均值为 3.0630，这说明大多数员工处于徘徊状态，对于离职问题的态度不是很明朗。但是在表 4.4 中，员工离职倾向的标准差为 0.99753，接近 1，这表明从整体上来看，员工的离职倾向虽不太明确，但是有一部分员工的离职愿望很强烈，而且态度很坚决。

4.2　心理契约量表、幸福感量表和离职倾向量表的信度分析

对于采用问卷调查的方法而得到的数据，我们通常会使用信度来检测所得结果之间是否具有一致性和稳定性，进而判断该问卷在大量重复实验后，结果

复现的可能性。本次研究将采用目前社会科学研究中最常用的信度分析方法——Cronbach α 系数法来测量各量表的信度。

4.2.1　心理契约量表的信度分析

关于心理契约量表的信度分析，具体情况见表 4.5。

表 4.5　心理契约量表信度分析

名称	Cronbach's Alpha	项数
心理契约	0.943	25
员工交易	0.740	4
员工关系	0.859	4
团队成员	0.718	3
组织交易	0.873	5
组织关系	0.903	5
契约履行	0.817	4

从表 4.5 的数据可知，整体心理契约量表的 Cronbach's Alpha 系数值为 0.943，远大于 0.7，表明心理契约量表整体具有很高的可信度和内部一致性；员工交易心理契约量表、员工关系心理契约量表、团队成员心理契约量表、组织交易心理契约量表、组织关系心理契约量表及契约履行量表的 Cronbach's Alpha 系数值分别为 0.740、0.859、0.718、0.873、0.903、0.817，均大于 0.7，表明心理契约所划分的维度具有较高的可信度和内部一致性。所以，心理契约量表无论是从总体还是从局部来看，都具有较高的可信度。

4.2.2 幸福感量表的信度分析

关于幸福感量表的信度分析，具体情况见表 4.6。

表 4.6 幸福感量表信度分析

名称	Cronbach's Alpha	项数
幸福感	0.927	15
生活幸福感	0.831	5
工作幸福感	0.825	5
工作—生活平衡幸福感	0.897	5

从表 4.6 的数据可知，整体幸福感量表的 Cronbach's Alpha 系数值为 0.927，远大于 0.7；衡量幸福感的三个维度：生活幸福感量表、工作幸福感量表、工作—生活平衡幸福感量表的 Cronbach's Alpha 系数值分别为 0.831、0.825、0.897，均大于 0.7，表明幸福感及其各维度的量表均具有较高的可信度和内部一致性。

4.2.3 离职倾向量表的信度分析

关于离职倾向量表的信度分析，具体情况见表 4.7。

表 4.7 离职倾向量表信度分析

名称	Cronbach's Alpha	项数
离职倾向	0.865	4

从表 4.7 的数据可知，离职倾向量表的 Cronbach’s Alpha 系数值为 0.865，大于 0.7，达到理想水平，所以可推断离职倾向量表具有较高的可信度和内部一致性。

4.3 心理契约量表、幸福感量表和离职倾向量表的效度分析

通过效度分析可以检验调查问卷是否有效，即能否通过问卷调查得到想要测量的内容。测量结果与要考察的内容越接近，则量表效度越高；反之，则效度越低。本书在研究过程中，运用 SPSS 分析工具对 KMO 值进行计算，对数据进行 Bartlett 球形检验，判断各变量调查结果是否适合进行因子分析。若 KMO 值在 0.8 以上，越接近 1，表明变量间的相关性越高。同时，对各变量进行 Bartlett 球形鉴定，如果显著水平达到了 0.05，说明量表中各变量的相关矩阵有共同因素存在。若以上两个条件均满足，则样本数据适合进行探索性因子分析，进而判断量表的效度。表 4.8 为各变量的 KMO 值和 Bartlett 球形检验结果。

表 4.8 三个量表的 KMO 值与 Bartlett 球形检验结果

量表名称	KMO 值	Bartlett		
		近似卡方	df	Sig
心理契约	0.902	2599.410	300	0.000
幸福感	0.889	1282.444	105	0.000
离职倾向	0.821	253.515	6	0.000

从表 4.8 的数据可知，心理契约、幸福感、离职倾向三个量表的 KMO 值分别为 0.902、0.889、0.821，均大于 0.8，表明各变量间的相关性较高。Bartlett 球形检验概率为 0.000，小于显著性水平，拒绝原假设，即样本数据组成的矩阵与单位矩阵有显著差异，非常适合作因子分析。在符合因子分析条件的基础上，通过对三个量表的测量数据的分析，心理契约量表共提取 6 个因子，解释总方差达到 75.160%；幸福感量表共提取 3 个因子，解释总方差达到 66.159%；离职倾向量表共提取 1 个因子，解释总方差达到 71.698%。各测量题项的标准化载荷值、平均方差提取值（AVE）均大于 0.5，因此问卷的收敛效度良好。同时，平均方差提取值（AVE）大于最大相关系数的平方，因此心理契约、幸福感、离职倾向三个量表的判别效度良好。所以，各个量表总体效度较好，测量结果与要考察的内容较接近，即能通过问卷调查得到想要测量的内容。

4.4 人口统计变量对心理契约、幸福感与离职倾向的影响分析

本节主要探讨员工的性别、年龄、学历、生活状况及工龄五个方面是否会对心理契约、幸福感、离职倾向及其各维度产生显著影响。本节通过差异分析，观察心理契约、幸福感、离职倾向在不同人口统计学变量上的具体变化情况，以及在具体情况下三者之间的内在关系是怎样变化的。本节在心理契约方面引入团队成员维度，更加详尽地考察了员工之间的合作互助情况；在幸福感方面引入工作—生活平衡幸福感这个比较新颖且符合现实情况的概念，更加全

面、合理地表现幸福感的实际变化。本节根据各个人口统计学变量的数据特征，对具体的研究方法进行分类，在性别方面，运用独立样本 T 检验法对心理契约、幸福感和离职倾向进行分析；在年龄、学历、生活状况和工龄方面，运用单因素方差法对三个变量进行分析和研究。

4.4.1 性别对各变量的差异性分析

这一部分主要分析员工性别的不同是否会对心理契约、幸福感的状态及离职倾向产生显著性影响，经过独立样本 *T* 检验，得到以下数据。

1. 性别对心理契约及其各维度的 *T* 检验

从表 4.9 的数据可知，性别对心理契约及其各维度无显著影响。从心理契约整体来看，女性员工的平均值高于男性员工的平均值，说明女性员工的心理契约行为较好。在员工关系维度方面，女性员工的平均值为 4.0208，略高于男性员工的平均值 3.9914，这表明女性员工与组织之间非物质因素维持的合作关系相对较好，即新生代女性员工更注重关系型心理契约，而男性员工的这种关系较差。在员工交易维度和组织交易维度方面，男性员工的平均值均大于女性员工的平均值，说明男性员工的交易契约行为比较严重。在团队成员维度方面，女性员工的平均值略大于男性员工的平均值，说明女性员工更注重人际交流、相互依存、合作共事。在契约履行维度方面，女性员工均值大于男性员工。在组织关系维度方面，标准差较大，说明在男女员工中，不同人对组织应履行的关系责任的认知存在差异。由此，假设 H1~H5 得到检验。

表 4.9 *T* 检验输出表

	性别	均值	标准差	*T* 值	显著水平
心理契约	男	3.9427	0.65311	0.999	0.320
	女	4.0219	0.59927		
员工交易	男	4.0833	0.70142	–0.394	0.695
	女	4.0302	0.58527		
员工关系	男	3.9914	0.86577	1.323	0.182
	女	4.0208	0.80102		
团队成员	男	3.7799	0.80222	–0.737	0.463
	女	3.7983	0.75499		
组织交易	男	4.1460	0.77839	–0.872	0.385
	女	4.0583	0.75803		
组织关系	男	3.9202	0.90071	–1.358	0.178
	女	3.9750	0.85187		
契约履行	男	3.8448	0.78957	–1.116	0.266
	女	3.9844	0.77031		

注：*、**、*** 分别在 0.05、0.01、0.001 水平上显著。

2. 性别对幸福感变量的 *T* 检验

从表 4.10 的数据可知，性别对员工的生活幸福感、工作—生活平衡幸福感在不同水平上都有显著影响。无论整体幸福感还是其他具体领域的幸福感，女性员工的均值基本上都大于男性员工。员工幸福感均值都大于 3，说明员工幸福感水平比较高。但是在工作—生活平衡幸福感维度中，男女员工的幸福感低于其他维度，说明工作和生活之间的平衡对他们来说存在一定困难，对女性员工的困扰更加显著。由此，假设 H6~H9 得到验证。

表 4.10　*T* 检验输出表

变量 / 维度	性别	均值	标准差	*T* 值	显著水平
幸福感	男	3.8035	0.75347	–0.666	0.506
	女	3.8923	0.73502		
生活幸福感	男	3.6000	0.72409	–2.738**	0.007
	女	3.9816	0.80212		
工作幸福感	男	3.7458	0.72267	–1.848	0.066
	女	3.9770	0.64411		
工作—生活平衡幸福感	男	3.8494	0.84425	–3.372***	0.001
	女	3.4292	0.88293		

注：*、**、*** 分别在 0.05、0.01、0.001 水平上显著。

3. 性别对离职倾向变量的 *T* 检验

从表 4.11 的数据可知，性别对离职倾向没有显著影响。男性员工的离职倾向均值较高，而且标准差较大，说明男性员工的离职倾向相对较高，部分男性员工离职愿望比较强烈。这与男性员工具有较低的关系责任和较低的幸福感水平相一致。由此，假设 H10 得到检验。

表 4.11　*T* 检验输出表组统计

变量 / 维度	性别	均值	标准差	*T* 值	显著水平
离职倾向	男	2.6182	0.65026	–0.314	0.754
	女	2.5990	0.71967		

注：*、**、*** 分别在 0.05、0.01、0.001 水平上显著。

4.4.2 年龄对各变量的差异性分析

该部分主要分析员工年龄的不同是否会对心理契约的强度、幸福感的状态及离职倾向产生显著性影响。通过单因素方差分析，得到以下数据。

1. 年龄对心理契约及其各维度的单因素方差分析

从表 4.12 的数据可知，年龄对员工关系维度、组织关系维度在 0.05 水平上有显著影响。在员工关系维度和组织关系维度方面，中年员工的平均值最高，随着年龄的增长，员工关系型契约的均值逐渐增大，说明员工年龄越大，员工和组织双方之间的关系型契约越好。与之相对应，随着年龄的增大，员工的交易型契约越来越弱。从心理契约整体来看，中年员工（出生于 1980—1984 年）和青年员工（出生于 1995 年以后）的平均值比较高，这表明进入职场时间最长的和进入职场时间最短的员工的心理契约行为较好。在团队成员维度方面，青年员工（出生于 1995 年以后）的平均值为 3.9231，小于出生于其他年份的，说明青年员工更注重自我，与他人合作办公的意识较弱。在契约履行方面，中年员工的平均值相对较高，但是与心理契约其他维度相比，各年龄段员工在该维度的均值普遍较低，说明员工的主人翁意识较薄弱。由此，假设 H11~H15 得到检验。

表 4.12　单因素方差分析输出表

变量／维度	出生年份	均值	标准差	*F* 值	显著水平
心理契约	1980—1984 年	4.1234	0.51204	1.234	0.174
	1985—1989 年	3.7974	0.54314		
	1990—1994 年	3.8658	0.57767		
	1995 年以后	4.0116	0.66154		
员工交易	1980—1984 年	3.9029	0.56637	0.405	0.531
	1985—1989 年	3.9783	0.74967		
	1990—1994 年	4.0735	0.63593		
	1995 年以后	4.1410	0.60516		
员工关系	1980—1984 年	4.0000	0.91001	2.472*	0.049
	1985—1989 年	3.8891	0.86431		
	1990—1994 年	3.7500	0.90571		
	1995 年以后	3.8032	0.81433		
团队成员	1980—1984 年	4.3137	0.63978	1.537	0.140
	1985—1989 年	3.9710	0.65838		
	1990—1994 年	4.0784	0.53398		
	1995 年以后	3.9231	0.75195		
组织交易	1980—1984 年	3.8941	0.78459	1.230	0.151
	1985—1989 年	3.8783	0.79713		
	1990—1994 年	3.9059	0.67126		
	1995 年以后	4.1154	0.81577		
组织关系	1980—1984 年	4.2118	0.82301	2.504*	0.032
	1985—1989 年	3.7217	0.76927		
	1990—1994 年	3.5765	1.01706		
	1995 年以后	3.6462	0.84295		
契约履行	1980—1984 年	3.9706	0.74416	0.314	0.818
	1985—1989 年	3.7717	0.59311		
	1990—1994 年	3.6382	0.74446		
	1995 年以后	3.9263	0.84430		

注：*、**、*** 分别在 0.05、0.01、0.001 水平上显著。

2. 年龄对幸福感变量的单因素方差分析

从表 4.13 的数据可知，年龄对生活幸福感维度在 0.05 水平上有显著影响。从幸福感整体来看，青年员工（出生于 1995 年以后）的幸福感均值最高，可能是这个年龄段的员工刚参加工作，对未来有美好憧憬，且雄心勃勃的青年人多有人生目标，对现有的工作有一定信心。在生活幸福感方面，青年员工（出生于 1995 年以后）的幸福感均值最高，其他年份出生的员工基本上随着年龄的增长，幸福感水平逐渐升高。在工作—生活平衡幸福感维度中，幸福感均值整体偏低，青年员工（出生于 1980—1984 年）的幸福感均值最高，随着年龄的增长，幸福感水平逐渐降低。由此，假设 H16~H19 得到检验。

表 4.13 单因素方差分析输出表

变量／维度	出生年份	均值	标准差	*F* 值	显著水平
幸福感	1980—1984 年	3.8632	0.59604	0.694	0.558
	1985—1989 年	3.7507	0.69695		
	1990—1994 年	3.8157	0.62251		
	1995 年以后	4.0627	0.72776		
生活幸福感	1980—1984 年	3.8949	0.56621	2.518*	0.034
	1985—1989 年	3.8118	0.69362		
	1990—1994 年	3.8261	0.78572		
	1995 年以后	4.0941	0.80758		
工作幸福感	1980—1984 年	4.0000	0.65192	0.681	0.565
	1985—1989 年	3.8957	0.73329		
	1990—1994 年	3.8531	0.55120		
	1995 年以后	4.0588	0.74901		

续表

变量／维度	出生年份	均值	标准差	*F* 值	显著水平
工作—生活平衡幸福感	1980—1984 年	3.5304	0.75206	0.362	0.823
	1985—1989 年	3.5765	1.03679		
	1990—1994 年	3.8718	0.85112		
	1995 年以后	3.9041	0.83307		

注：*、**、*** 分别在 0.05、0.01、0.001 水平上显著。

3. 年龄对离职倾向变量的单因素方差分析

从表 4.14 的数据可知，年龄对离职倾向在 0.01 水平上有显著影响。随着年龄的增长，员工的离职倾向越来越弱，这与年龄对心理契约和幸福感的分析符合，即随着年龄增大，员工与组织关系型契约越好，整体幸福感水平越高，那么离职倾向就越低。但是不管处于哪一个年龄段，员工的离职倾向的标准差都较高，个别员工仍旧具有较高的离职意愿。由此，假设 H20 得到检验。

表 4.14　单因素方差分析输出表

变量／维度	出生年份	均值	标准差	*F* 值	显著水平
离职倾向	1980—1984 年	2.2941	0.80956	3.647**	0.005
	1985—1989 年	2.5192	0.79348		
	1990—1994 年	2.6938	0.71807		
	1995 年以后	2.9175	0.83556		

注：*、**、*** 分别在 0.05、0.01、0.001 水平上显著。

4.4.3　学历对各变量的差异性分析

该部分主要分析员工受教育程度的不同是否会对心理契约的强度、幸福感的状态及离职倾向产生显著性影响。经过单因素方差分析，得到以下数据。

1. 学历对心理契约变量的单因素方差分析

从表 4.15 的数据可知，学历对员工交易维度、组织交易维度在 0.01 水平上有显著影响。在员工交易维度方面，大专学历员工的交易均值最高，其他随着学历的升高，交易均值逐渐减小。而在组织关系维度方面，大专学历员工的关系均值最低，其他随着学历的升高，关系均值逐渐增大。这说明学历越高，员工和组织的关系型契约越好。从心理契约整体来看，大专学历员工的心理契约行为最好，其他随着学历的升高，心理契约的均值逐渐增大。在团队成员维度方面，本科学历员工的均值最小，其他随着学历的升高而逐渐增加。在契约履行维度方面，员工契约履行的均值随学历的升高而逐渐增大。由此，假设 H21 得到检验。

表 4.15　单因素方差分析输出表

变量／维度	学历	均值	标准差	*F* 值	显著水平
心理契约	高中及以下	3.9089	0.56274	2.420	0.069
	大专	4.4750	0.35393		
	本科	3.9337	0.64556		
	硕士及以上	4.1006	0.54531		
员工交易	高中及以下	4.2283	0.61659	3.314**	0.008
	大专	4.5625	0.32043		
	本科	4.1176	0.66168		
	硕士及以上	4.0201	0.45171		

续表

变量／维度	学历	均值	标准差	*F* 值	显著水平
员工关系	高中及以下	3.9239	1.02368	2.437	0.068
	大专	4.5625	0.71651		
	本科	3.9138	0.77556		
	硕士及以上	4.2941	0.67451		
团队成员	高中及以下	3.7667	0.96195	0.385	0.764
	大专	3.8841	1.02229		
	本科	3.7380	0.71991		
	硕士及以上	3.9118	0.62948		
组织交易	高中及以下	4.1304	0.79683	3.223**	0.009
	大专	4.3500	0.73095		
	本科	3.9379	0.76512		
	硕士及以上	4.3765	0.61596		
组织关系	高中及以下	3.8261	0.88071	1.921	0.129
	大专	3.6000	0.42762		
	本科	3.9011	0.87809		
	硕士及以上	4.0824	0.85457		
契约履行	高中及以下	3.6087	0.67273	2.166	0.095
	大专	3.7647	0.59387		
	本科	3.9713	0.82626		
	硕士及以上	4.0625	0.61087		

注：*、**、*** 分别在 0.05、0.01、0.001 水平上显著。

2. 学历对幸福感变量的单因素方差分析

从表 4.16 的数据可知，学历对工作—生活平衡幸福感在 0.05 水平上有显著影响，其中大专学历员工的幸福感水平最低，其他随学历升高，幸福感均值基本上逐渐增加。在工作—生活平衡幸福感维度中，幸福感均值整体偏低，其中大专学历幸福感均值最低，其他随学历的升高，幸福感均值逐渐增加。由此，假设 H22 得到检验。

表 4.16　单因素方差分析输出表

变量／维度	学历	均值	标准差	*F* 值	显著水平
幸福感	高中及以下	3.8043	0.71005	1.489	0.232
	大专	3.5500	0.94264		
	本科	3.8352	0.72017		
	硕士及以上	3.8745	0.41692		
生活幸福感	高中及以下	3.8022	0.85327	1.274	0.273
	大专	3.6750	0.91300		
	本科	3.8184	0.78333		
	硕士及以上	4.0588	0.50875		
工作幸福感	高中及以下	3.8920	0.74420	2.105	0.118
	大专	3.7529	1.00143		
	本科	3.8500	0.70335		
	硕士及以上	4.0261	0.47185		
工作—生活平衡幸福感	高中及以下	3.6348	0.82385	2.689*	0.022
	大专	3.1250	1.21861		
	本科	3.7954	0.91447		
	硕士及以上	3.9118	0.58937		

注：*、**、*** 分别在 0.05、0.01、0.001 水平上显著。

3. 学历对离职倾向变量的单因素方差分析

从表 4.17 的数据可知，学历对离职倾向无显著影响，大专学历员工的离职倾向最高，其他随学历的升高，离职倾向越来越低，这与年龄对心理契约和幸福感的分析符合：大专学历员工的关系型契约较差，幸福感较低，离职倾向较高，其他随学历的升高，关系型契约较好，幸福感越来越强，则离职倾向越来越弱。由此，假设 H23 得到检验。

表 4.17　单因素方差分析输出表

变量／维度	学历	均值	标准差	*F* 值	显著水平
离职倾向	高中及以下	2.5294	0.82527	1.915	0.130
	大专	3.0313	1.22793		
	本科	2.3736	0.88007		
	硕士及以上	2.3696	0.89653		

注：*、**、*** 分别在 0.05、0.01、0.001 水平上显著。

4.4.4　生活状况对各变量的差异性分析

该部分主要是分析员工生活状况及子女状况的不同是否会对心理契约的强度、员工幸福感的状态以及离职倾向产生显著性影响。对此进行单因素方差分析，得到以下数据。

1. 生活状况对心理契约变量的单因素方差分析

从表 4.18 的数据可知，生活状况对员工交易维度在 0.05 水平上有显著影响。在员工关系维度和团队成员维度方面，已婚有子女的员工的均值最高，可能是父母的身份使他们对周围的事物有了更高的责任感。在心理契约及其他各维度方面，离异有子女的员工的均值最大，已婚有子女的员工的均值位居第二，而单身员工的均值最小，说明家庭责任和孩子的抚养状况对员工的心理契约影响较大。由此，假设 H24 得到验证。

表 4.18　单因素方差分析输出表

变量／维度	生活状况	均值	标准差	*F* 值	显著水平
心理契约	单身	3.6753	0.65073	2.328	0.048
	已婚无子女	3.9994	0.50866		
	已婚有子女	4.0694	0.57761		
	离异有子女	4.3690	0.25254		
员工交易	单身	3.9803	0.68040	2.536*	0.046
	已婚无子女	4.3125	0.55434		
	已婚有子女	4.3442	0.55765		
	离异有子女	4.6250	0.17678		
员工关系	单身	3.9309	0.84321	0.633	0.640
	已婚无子女	3.7500	0.50000		
	已婚有子女	4.1570	0.83456		
	离异有子女	4.1250	0.17678		
团队成员	单身	3.6614	0.73263	1.786	0.135
	已婚无子女	4.0833	0.68718		
	已婚有子女	4.6667	0.84149		
	离异有子女	3.9419	0.47140		
组织交易	单身	3.9553	0.76636	1.551	0.191
	已婚无子女	4.4500	0.52599		
	已婚有子女	4.2093	0.76588		
	离异有子女	4.6000	0.56569		
组织关系	单身	3.8684	0.84320	0.522	0.720
	已婚无子女	4.1500	0.59722		
	已婚有子女	4.0233	0.94134		
	离异有子女	4.4000	0.84853		

续表

变量 / 维度	学历	均值	标准差	*F* 值	显著水平
契约履行	单身	3.8125	0.83279	0.889	0.473
	已婚无子女	3.8750	0.66144		
	已婚有子女	3.9477	0.71664		
	离异有子女	4.5000	0.70711		

注：*、**、*** 分别在 0.05、0.01、0.001 水平上显著。

2. 生活状况对幸福感变量的单因素方差分析

从表 4.19 的数据可知，生活状况对生活幸福感维度在 0.01 水平上有显著影响，对工作—生活平衡幸福感维度在 0.05 水平上有显著影响。在整体幸福感和生活幸福感维度方面，单身员工和已婚有子女员工的幸福感均值较大，一方面因为单身比较自由，负担较小，更容易满足和获得幸福感；另一方面因为成家立业，儿孙满堂是人生大事，这两件事一经完成，人们就会获得巨大的幸福感。在工作—生活平衡幸福感维度方面，员工的幸福感均值普遍较低，与上文幸福感的描述性分析相吻合，而离异有子女的员工的均值仅为 2.9000，说明婚姻状况及抚养子女的问题是影响工作—生活平衡幸福感的重要原因之一。由此，假设 H25 得到验证。

表 4.19　单因素方差分析输出表

变量 / 维度	生活状况	均值	标准差	*F* 值	显著水平
幸福感	单身	4.7000	0.77129	1.237	0.299
	已婚无子女	3.9535	0.59722		
	已婚有子女	4.1833	0.72529		
	离异有子女	3.7592	0.42426		

续表

变量／维度	生活状况	均值	标准差	*F* 值	显著水平
生活幸福感	单身	4.0000	0.80498	3.705**	0.004
	已婚无子女	3.8000	0.99331		
	已婚有子女	3.9814	0.70887		
	离异有子女	3.8026	0.96569		
工作幸福感	单身	4.0500	0.72673	1.613	0.183
	已婚无子女	3.8500	0.75498		
	已婚有子女	3.9814	0.69119		
	离异有子女	4.0000	0.56569		
工作—生活平衡幸福感	单身	3.7763	0.86346	2.360*	0.046
	已婚无子女	3.1500	0.82260		
	已婚有子女	3.0581	0.95375		
	离异有子女	2.9000	1.27279		

注：*、**、*** 分别在 0.05、0.01、0.001 水平上显著。

3. 生活状况对离职倾向变量的单因素方差分析

从表 4.20 的数据可知，生活状况对离职倾向在 0.05 水平上有显著影响，单身员工的离职倾向最高，这可能是因为单身员工敢于闯荡，敢于尝试，希望自己拥有更加令人满意的工作。离异有子女员工的离职倾向最低，这可能因为该身份的员工更希望自己拥有稳定的工作，担心离开组织会给自己及孩子的生活带来严重影响，有了“后顾之忧”。由此，假设 H26 得到验证。

表 4.20 单因素方差分析输出表

变量／维度	生活状况	均值	标准差	*F* 值	显著水平
离职倾向	单身	2.7142	0.67913	2.391*	0.045
	已婚无子女	2.2500	0.54006		
	已婚有子女	2.4593	0.67244		
	离异有子女	1.7500	0.70711		

注：*、**、*** 分别在 0.05、0.01、0.001 水平上显著。

4.4.5 工龄对各变量的差异性分析

该部分主要分析员工工龄的不同是否会对心理契约的强度、幸福感的状态及离职倾向产生显著性影响。经过单因素方差分析，得到以下数据。

1. 工龄对心理契约变量的单因素方差分析

从表 4.21 的数据可知，工龄对心理契约和团队成员维度在 0.01 水平上有显著影响，对员工关系维度、组织关系维度和契约履行维度在 0.05 水平上有显著影响。在企业工作 1 年以内的员工的心理契约行为普遍较好，其余的随着工龄的增加，心理契约行为逐渐增强，说明员工在组织工作时间越长，对组织忠诚度越高，相应的心理契约行为就越好。由此，假设 H27~H31 得到检验。

表 4.21　单因素方差分析输出表

变量／维度	工龄	均值	标准差	*F* 值	显著水平
心理契约	1 年以内	4.0285	0.69229	4.090**	0.008
	1~2 年	3.4257	0.53817		
	3~5 年	3.8575	0.57075		
	5 年以上	4.0713	0.54361		
员工交易	1 年以内	3.9589	0.66799	1.506	0.207
	1~2 年	3.5821	0.87960		
	3~5 年	3.8594	0.61893		
	5 年以上	4.0313	0.59484		
员工关系	1 年以内	4.0068	0.77837	3.304	0.022
	1~2 年	3.3571	0.50682		
	3~5 年	3.8594	0.67681		
	5 年以上	4.0234	0.74693		
团队成员	1 年以内	4.1918	0.85872	4.033**	0.009
	1~2 年	3.5952	0.85912		
	3~5 年	4.1250	0.68718		
	5 年以上	4.4583	0.55358		
组织交易	1 年以内	4.0301	0.81627	1.636	0.184
	1~2 年	3.5571	0.71974		
	3~5 年	3.9000	0.73756		
	5 年以上	4.0750	0.78822		
组织关系	1 年以内	3.2000	0.93134	3.356*	0.021
	1~2 年	3.7625	0.82648		
	3~5 年	3.9937	1.03078		
	5 年以上	4.0384	0.94423		
契约履行	1 年以内	3.9829	0.85119	2.452*	0.048
	1~2 年	3.4286	0.50410		
	3~5 年	3.7188	0.75208		
	5 年以上	3.9609	0.76756		

注：*、**、*** 分别在 0.05、0.01、0.001 水平上显著。

2. 工龄对幸福感变量的单因素方差分析

从表 4.22 的数据可知，工龄对幸福感和生活幸福感维度在 0.05 水平上有显著影响，对工作—生活平衡幸福感维度在 0.01 水平上有显著影响。在幸福感及其各维度中，工作 1 年以内的员工的幸福感水平相对较高，其他随工作年限的增加，幸福感水平逐渐增加。在工作幸福感维度方面，工作 1~2 的员工的幸福感最低，其他工龄的员工，随着工龄的增加，幸福感逐渐增加，这与假设时的分析相一致。在工作—生活平衡幸福感维度方面，幸福感均值整体偏小，而且随着工作年限的增加，工作—生活平衡幸福感水平逐渐提高，这可能因为在组织中工作的时间越长，对所从事的工作就越熟悉，工作时就越得心应手，从而使工作—生活得到更加平衡的处理。由此，假设 H32~H35 得到检验。

表 4.22　单因素方差分析输出表

变量／维度	工龄	均值	标准差	*F* 值	显著水平
幸福感	1 年以内	3.8950	0.73333	3.483*	0.018
	1~2 年	3.3048	0.58512		
	3~5 年	3.7625	0.76477		
	5 年以上	3.9667	0.52983		
生活幸福感	1 年以内	3.8685	0.79388	3.399*	0.020
	1~2 年	3.3000	0.67823		
	3~5 年	3.7875	0.88384		
	5 年以上	4.0625	0.59555		
工作幸福感	1 年以内	3.8750	0.74688	1.714	0.167
	1~2 年	3.5286	0.55252		
	3~5 年	3.9096	0.69234		
	5 年以上	4.0313	0.62859		

续表

变量／维度	生活状况	均值	标准差	*F* 值	显著水平
工作—生活平衡幸福感	1 年以内	3.7068	0.86158	3.696**	0.009
	1~2 年	3.0857	0.88999		
	3~5 年	3.4250	0.99298		
	5 年以上	3.6063	0.79268		

注：*、**、*** 分别在 0.05、0.01、0.001 水平上显著。

3. 工龄对离职倾向变量的单因素方差分析

从表 4.23 的数据可知，工龄对离职倾向不存在显著性影响，工作 3~5 年的员工离职倾向最高，其他随工作年限的增加，离职倾向逐渐减弱。由此，假设 H36 得到验证。

表 4.23　单因素方差分析输出表

变量／维度	工龄	均值	标准差	*F* 值	显著水平
离职倾向	1 年以内	2.6356	0.85819	1.164	0.326
	1~2 年	2.5893	1.04056		
	3~5 年	2.7656	1.01023		
	5 年以上	2.4141	0.86512		

注：*、**、*** 分别在 0.05、0.01、0.001 水平上显著。

4.5　相关分析

在这一部分，笔者运用 SPSS 软件统计各个变量之间的 Pearson 相关系数，衡量各个变量之间的相关关系，即心理契约的各维度与幸福感的各维度、心理契约的各维度与离职倾向、幸福感的各维度与离职倾向之间的相关性。Pearson 相关系数大小与具体含义见表 4.24。

表 4.24　相关关系判别标准

相关系数（绝对值）	0.8~1.0	0.6~0.8	0.4~0.6	0.2~0.4	0.0~0.2
相关关系	极强	较强	中等程度	弱	极弱或无

4.5.1　心理契约与幸福感的相关分析

心理契约及其六个维度（员工交易、员工关系、团队成员维度、组织交易、组织关系、契约履行）与幸福感及其三个维度（生活幸福感、工作幸福感、工作—生活平衡幸福感）的相关分析结果见表 4.25。

表 4.25　相关分析输出表

变量（维度）	幸福感	生活幸福感	工作幸福	工作—生活平衡幸福感
心理契约	0.8108**	0.7802**	0.6982**	0.6889**
员工交易	0.5122**	0.5117**	0.4165**	0.4386**
员工关系	0.5261**	0.4841**	0.4301**	0.4845**
团队成员	0.6426**	0.6045**	0.5489**	0.5615**
组织交易	0.6798**	0.6320**	0.6411**	0.5519**
组织关系	0.7075**	0.6683**	0.6186**	0.6043**
契约履行	0.7311**	0.7328**	0.6207**	0.6028

注：*、**、*** 分别在 0.05、0.01、0.001 级别（双尾），相关性显著。

从表 4.25 的数据可知，心理契约、员工交易、员工关系、团队成员、组织交易、组织关系、契约履行与幸福感、生活幸福感、工作幸福感和工作—生活平衡幸福感均在 0.01 水平上显著正相关。其中，心理契约与幸福感的相关系数为 0.8108，即两者之间呈极强相关关系；其他变量之间的相关系数大多在 0.6~0.8 之间，即各变量之间呈较强的正相关关系。所以心理契约及其各维度与幸福感及其各维度具有较强的相关性。由此，假设 H37 得到验证。

4.5.2　心理契约与离职倾向的相关分析

心理契约及其六个维度（员工交易、员工关系、团队成员、组织交易、组织关系和契约履行）与离职倾向的相关分析结果见表 4.26。

表 4.26　相关分析输出表

变量（维度）	心理契约	员工交易	员工关系	团队成员	组织交易	组织关系	契约履行
离职倾向	–0.522**	–0.242**	–0.710**	–0.475**	–0.384**	–0.606**	–0.515**

注：*、**、*** 分别在 0.05、0.01、0.001 级别（双尾），相关性显著。

从表 4.26 的数据可知，心理契约、员工交易、员工关系、组织交易、组织关系与离职倾向均在 0.01 水平上显著负相关。其中，员工交易维度、组织交易维度与离职倾向的相关系数分别为 –0.242、–0.384，即两者之间呈弱的负相关关系；其他变量之间的相关系数大多在 0.4~0.6 之间，其值为负，即各变量之间呈中等程度相关关系。由此，假设 H38 得到验证。

4.5.3 幸福感与离职倾向的相关分析

幸福感及其三个维度（生活幸福感、工作幸福感、工作—生活平衡幸福感）与离职倾向的相关分析结果见表 4.27。

表 4.27 相关分析输出表

变量 / 维度	幸福感	生活幸福感	工作幸福感	工作—生活平衡幸福感
离职倾向	–0.744**	–0.230**	–0.649**	–0.863**

注：*、**、*** 分别在 0.05、0.01、0.001 级别（双尾），相关性显著。

从表 4.27 的数据可知，幸福感及其各维度（生活幸福感、工作幸福感、工作—生活平衡幸福感）与离职倾向均在 0.01 水平上显著负相关。其中，生活幸福感与离职倾向的相关系数为 –0.230，即两者之间呈弱的负相关关系；其他变量之间的相关系数大多在 0.6~0.8 之间，其值为负，即各变量之间呈强相关关系。由此，假设 H39 得到验证。

4.6 回归分析

回归分析用于分析变量之间的因果关系，本部分通过线性回归的方法来检验模型和假设的有效性，探讨心理契约、幸福感和离职倾向三者之间的因果关系，进而验证自变量对因变量的预测能力。在 SPSS 软件的回归分析结果中，调整 R^2、F 值和 Beta 这三个数据结果是本部分回归分析的重要参考。其中，调整 R^2 表示自变量对因变量的解释程度，调整 R^2 的值在 0 至 1 之间，其数值越接近 1，则表明自变量对因变量的解释能力越强；*F* 值表示的是检验因变量和自变量之间回归水平的显著程度。回归系数 Beta 是反映当自变量的变动引起因变量变动的量，其绝对值越大，说明因变量对于自变量的变化越敏感。该部分将幸福感作为整体进行分析，为后面的中介作用检测作铺垫。

4.6.1　心理契约对幸福感的回归分析

为探讨心理契约及其各维度与幸福感的关系及前者对后者的预测能力，现将心理契约及其六个维度（员工交易、员工关系、团队成员、组织交易、组织关系和契约履行）作为自变量，把幸福感作为因变量，利用 SPSS 工具进行线性回归分析并观察结果。分析结果如表 4.28 所示。

表 4.28　回归分析输出表

因变量	自变量	系数显著性		方程显著性		共线性	拟合度
		Beta	Sig	*F* 值	Sig	VIF	调整 R^2
幸福感	员工交易	0.499	0.000	44.174	0.000	1.000	0.243
	员工关系	0.619	0.000	82.942	0.000	1.000	0.379
	团队成员	0.677	0.000	112.806	0.000	1.000	0.454
	组织交易	0.606	0.000	77.585	0.000	1.000	0.363
	组织关系	0.617	0.000	81.761	0.000	1.000	0.376
	契约履行	0.654	0.000	99.521	0.000	1.000	0.423
	心理契约	0.756	0.000	177.635	0.000	1.000	0.568

由表 4.28 的数据可知，回归模型中的 VIF 值为 1.000，所以回归模型不存在多重共线性的问题。员工交易、员工关系、团队成员、组织交易、组织关系、契约履行和心理契约对幸福感的方程显著性和系数显著性均为 0.000，达到显著水平，符合要求，所以心理契约及其各维度对幸福感是有显著影响的。

心理契约及其各维度对幸福感的回归系数分别为 0.499、0.619、0.677、0.606、0.617、0.654、0.756。同时前者对后者的解释力（调整 R^2）分别为 24.3%、37.9%、45.4%、36.3%、37.6%、42.3%、56.8%，即说明心理契约及其各维度对幸福感有一定的预测力。由此，假设 H40 得到验证。

4.6.2 心理契约对离职倾向的回归分析

为探讨心理契约对离职倾向的预测能力，现将心理契约的六个维度（员工交易、员工关系、团队成员、组织交易、组织关系和契约履行）作为自变量，把离职倾向作为因变量，利用 SPSS 工具进行回归分析并观察结果，如表 4.29 所示。

表 4.29 回归分析输出表

因变量	自变量	系数显著性		方程显著性		共线性	拟合度
		Beta	Sig	F 值	Sig	VIF	调整 R^2
离职倾向	员工交易	–0.688	0.000	135.295	0.000	1.000	0.501
	员工关系	–0.710	0.000	120.011	0.000	1.000	0.470
	团队成员	–0.731	0.000	152.716	0.000	1.000	0.531
	组织交易	–0.483	0.000	197.874	0.000	1.000	0.595
	组织关系	–0.773	0.000	124.589	0.000	1.000	0.483
	契约履行	–0.514	0.000	47.951	0.000	1.000	0.259
	心理契约	–0.606	0.000	110.752	0.000	1.000	0.452

由表 4.29 的数据可知，回归模型中的 VIF 值为 1.000，所以回归模型不存在多重共线性的问题。员工交易、员工关系、团队成员、组织交易、组织关系、契约履行、心理契约对离职倾向的方程显著性和系数显著性均为 0.000，均达到显著水平，符合要求。所以心理契约及其各维度对离职倾向是有显著影响的。

心理契约及其各维度对离职倾向的回归系数分别为 –0.688、–0.710、–0.731、–0.483、–0.773、–0.514、–0.606。同时前者对后者的解释力（调整 R^2）分别为 50.1%、47.0%、53.1%、59.5%、48.3%、25.9%、45.2%，即说明心理契约及其各维度对离职倾向有一定的预测力。由此，假设 H41 得到验证。

4.6.3　幸福感对离职倾向的回归分析

为探讨员工的幸福感对离职倾向的预测能力，现将员工的幸福感作为自变量，把离职倾向作为因变量，利用 SPSS 工具做回归分析观察结果。以下是线性回归分析的输出表，如表 4.30 所示。

表 4.30　回归分析输出表

因变量	自变量	系数显著性		方程显著性		共线性	拟合度
		Beta	Sig	*F* 值	Sig	VIF	调整 R^2
离职倾向	幸福感	–0.743	0.000	164.633	0.000	1.000	0.549

由表 4.30 的数据可知，回归模型中的 VIF 值为 1.000，所以回归模型不存在多重共线性的问题。幸福感对离职倾向的方程显著性和系数显著性均为 0.000，

达到显著水平，符合要求。幸福感对离职倾向的回归系数为 –0.743，解释力为 54.9%，即说明员工的幸福感对离职倾向有一定的预测力。由此，假设 H42 得到验证。

4.7 中介作用检测

笔者搜集、比较了大量中介作用检测方法，最终选择借鉴 Baron 和 Kenny（1986）和温忠麟等人（2004）提出的中介作用的检测方法，通过三个步骤，保持缜密的逻辑因果，对幸福感的中介作用进行检验。

首先，将自变量（心理契约）和因变量进行回归分析，检测前者是否对后者产生比较明显（达到一定的标准）的反应。接着，如果第一步中两个变量间的关系显著，则根据 Baron 和 Kenny 的部分中介作用检测方法，对自变量和中介变量做回归分析，检测前者是否对后者产生比较明显（达到一定的标准）的反应，如果结果是肯定的，那么研究进入下一个步骤。 最后，如果上述两个步骤，检测结果均都为显著，则根据 Judd 和 Kenny 定义的完全中介检验方法，把自变量和中介变量同时对因变量做回归分析，当自变量的回归系数显著时，为部分中介；若自变量回归系数不显著，则为完全中介。

本书通过上节的回归分析，已经对第一、二步进行了实际操作，检验出结果是成立的，因此本节主要进行第三步的操作，以心理契约为自变量，离职倾向为因变量，幸福感为中介变量，重新构建模型，进行中介作用检验。模型 1 是将员工交易和幸福感同时对离职倾向进行回归分析，模型 2 是将员工关系和幸福感同时对离职倾向进行回归分析，模型 3 是将团队成员和幸福感同时对离职倾向进行回归分析，模型 4 是将组织交易和幸福感同时对离职倾向进行回归分析，模型 5 是将组织关系和幸福感同时对离职倾向进行回归分析，模型 6 是将契约履行和幸福感同时对离职倾向进行回归分析。分析结果如表 4.31 所示。

表 4.31 中介作用的检测分析输出表

自变量 / 中介变量	模型 1	模型 2	模型 3	模型 4	模型 5	模型 6
幸福感	–0.492***	–0.516***	–0.459***	–0.430***	–0.655***	–0.641***
员工交易	–0.401***					
员工关系		–0.377***				
团队成员			–0.420***			
组织交易				–0.484***		
组织关系					–0.224***	
契约履行						–0.232***
R^2	0.651	0.643	0.649	0.689	0.596	0.297
$\triangle R^2$	0.645	0.638	0.644	0.684	0.589	0.291
F 值	122.856***	119.015***	121.974***	145.966***	97.173***	97.658

注：*、**、*** 分别在 0.05、0.01、0.001 水平上显著。

通过上表的结果可知，心理契约对幸福感和心理契约对离职倾向的影响均显著，即中介作用检验的前两个步骤得到验证，第三个步骤的检验结果如表 4.31 所示。

模型 1 中加入幸福感后，员工交易对离职倾向的解释力增加了 14.4%，*F* 值检验也显著。员工交易对离职倾向有显著负影响，幸福感对离职倾向具有显著的负向影响，所以幸福感在员工交易和离职倾向之间起到部分中介作用。

模型 2 中加入幸福感后，员工关系对离职倾向的解释力增加了 16.8%，F 值检验也显著，员工关系对离职倾向有显著负影响，幸福感对离职倾向有显著的负向影响，所以幸福感在员工关系和离职倾向之间起到部分中介作用。

模型 3 中加入幸福感后，团队成员对离职倾向的解释力增加了 11.3%，F 值检验也显著。组织交易对离职倾向有显著负向影响，幸福感对离职倾向有显著的负向影响，所以幸福感在团队成员和离职倾向之间起到部分中介作用。

模型 4 中加入幸福感后，组织交易对离职倾向的解释力增加了 8.9%，F 值检验也显著。组织关系对离职倾向有显著负向影响，幸福感对离职倾向有显著的负向影响，所以幸福感在组织交易和离职倾向之间起到部分中介作用。

模型 5 中加入幸福感后，组织关系对离职倾向的解释力增加了 10.6%，F 值检验也显著。契约履行对离职倾向有显著影响，幸福感对离职倾向有显著的负向影响，所以幸福感在组织关系和离职倾向之间起到部分中介作用。

模型 6 中加入幸福感后，契约履行对离职倾向的解释力增加了 3.2%，F 值检验也显著。契约履行对离职倾向有显著影响，幸福感对离职倾向有显著的负向影响，所以幸福感在契约履行和离职倾向之间起到部分中介作用。

由此，假设 H43 得到验证。

4.8 本章小结

本章采用实证研究的方法，对心理契约视域下新生代员工幸福感与离职倾向的关系进行了分析。得到以下结论。

4.8.1　不同人口统计变量下，对各变量的分析结果

1. 性别不同，对心理契约变量没有显著性影响

性别不同，对员工的生活幸福感、工作—生活平衡幸福感有显著影响；对离职倾向没有显著影响。同女性员工相比，男性员工具有较高的交易责任，幸福感水平较低，离职倾向相应较高。在幸福感的认知方面，女性员工的整体幸福感较高，这可能受中国的传统文化影响比较大，男性是一个家庭的支柱，而女性是需要保护的对象，所以“男主外女主内”这句俗语是深入人心的。因此，男性就必须背负着养家糊口的使命在人生道路上前进，所以男性的幸福感低于女性的幸福感也就在情理之中了。但是，男女员工的工作—生活平衡幸福感水平都不高，其中女性最低，这说明企业员工都存在工作和生活两方面的冲突，其中女性员工的这种双重角色冲突更为严重，这可能是由于女性在工作的同时，担负着更多的生活责任，因此女性在扮演双重角色的过程中，不能完美地平衡两者之间的关系，造成女性员工的工作—生活平衡幸福感相对较低。

2. 年龄不同，对心理契约的员工关系维度、组织关系维度有显著影响

年龄不同，对生活幸福感维度有显著影响，对离职倾向有显著影响。随着年龄增大，员工与组织的关系型契约越来越好，整体幸福感水平越来越高，相应的离职倾向就越来越低。在工作—生活平衡幸福感维度方面，幸福感均值整体偏低，而青年员工（出生于 1995 年以后）的幸福感均值最高，随着年龄的增长，幸福感水平逐渐降低。这可能是由于青年员工刚步入职场，各种负担较小，

更容易满足，从而获得幸福感，而随着年龄的增长，经历了生活和工作的变迁，生活负担越来越重（包括供养孩子、赡养老人等），必然会使得工作—生活平衡幸福感降低。在离职倾向方面，中年员工的离职意愿最低，一方面可能是因为年龄越大，越希望有安稳的生活，不愿到处奔波寻找新的工作；另一方面可能是因为中年员工的学习能力有限，没有更多精力学习其他工作技能，所以更愿意留在现有工作岗位上。

3. 学历不同，对心理契约的员工交易维度、组织交易维度有显著影响

学历不同，对工作幸福感维度有显著影响，对离职倾向无显著影响。大专学历员工，关系型契约较差，幸福感较低，离职倾向较高，其他员工随学历的升高，关系型契约越来越好，幸福感越来越强，则离职倾向越来越弱。这一现象可以用中国一句俗话解释：高不成低不就。这种心理使得大专学历员工对于工作、生活等各个方面都不太满意，为了寻求更满意的工作，产生较高的离职倾向。在工作—生活平衡幸福感维度方面，幸福感均值整体偏低，幸福感水平不高。这可能是因为职业人士不能分配好工作和生活的时间，即在做好工作的同时，不能兼顾自己的健康和家人的生活，从而造成工作—生活关系的失衡。

4. 员工不同的生活状况，对心理契约的员工交易维度有显著影响

不同的生活状况，对生活幸福感维度和工作—生活平衡幸福感维度在不同水平上有显著影响，对离职倾向有显著影响。在工作—生活平衡幸福感维度中，离异有子女的员工的幸福感均值最低，幸福感水平最低。按照常理推断，离异

有子女的员工需同时担任多重角色，因此他们面临的冲突和顾虑会更多，对幸福感的感知程度会更低，但是，他们的离职倾向也较低，因为他们产生离职想法的同时也会考虑到对于生活的影响。

5. 不同工龄，对整体心理契约和心理契约的团队成员维度有显著影响

不同的工龄，对整体幸福感、生活幸福感和工作—生活平衡维度在不同水平有显著影响，对离职倾向无显著影响。员工在企业的工作年限越长，企业就会越来越重视双方的关系责任，而且工龄长的员工会得到更好的薪酬待遇，其个人晋升与发展的机会也更多，因此他们更愿意继续留在企业中，具有较低的离职倾向。整体幸福感呈“凹”型趋势变化，工龄为 1~2 年的员工的平均值最低，相应的离职倾向的平均值最高。可能是因为员工刚进入企业时，对企业的各个方面都不熟悉，主要是学习阶段；当工作 1 年左右已具备一定技术能力后，员工便开始关注企业的责任是否履行，工作环境、工作报酬等是否理想，如此“挑剔”便会使员工的满意感降低，提高离职倾向。在工作—生活平衡幸福感维度方面，幸福感均值整体偏小，而且随着工作年限的增加，工作—生活平衡幸福感水平逐渐降低，这可能因为在组织中工作的时间越长，所承担的责任就越多，导致工作—生活无法平衡处理。

4.8.2 心理契约与幸福感

通过相关分析，心理契约、员工交易、员工关系、团队成员、组织交易、

组织关系和契约履行与幸福感、生活幸福感、工作幸福感和工作—生活平衡幸福感均在 0.01 水平上显著正相关，说明心理契约不同维度与员工幸福感具有密切关系。

通过回归分析，心理契约、员工交易、员工关系、团队成员、组织交易、组织关系、契约履行与幸福感均达到了显著水平，心理契约及其不同维度均对幸福感具有正向预测能力。

通过上述分析可知，加强企业和员工之间的心理契约建设，有利于提高员工的幸福感。如果组织能够履行承诺，承担责任，为员工提供良好的工作环境、公平的工作报酬、良好的工作关系以及更高的职业发展机会，员工的工作幸福感就会提升，从而促进员工工作、生活幸福感水平的提升，反过来又会影响到工作幸福感，形成一个良性循环。

4.8.3 心理契约与离职倾向

通过相关分析，心理契约、员工交易、员工关系、团队成员、组织交易、组织关系和契约履行与离职倾向在 0.01 水平上显著负相关，说明心理契约不同维度与离职倾向具有密切关系。其中交易型心理契约与离职倾向呈弱的负相关关系，而关系型心理契约与离职倾向呈较强的相关关系，即关系型契约对离职倾向的影响更大。

通过回归分析可知，心理契约的六个维度（员工交易、员工关系、团队成员、组织交易、组织关系、契约履行）对离职倾向达到显著水平，心理契约及其各维度均对离职倾向具有负向预测能力。

由此可见，组织应积极建立良好的心理契约，在优良的交易型心理契约的基础上，要特别注重关系型心理契约的构建，遵守承诺，提高心理契约的履行程度，为员工提供满意的薪酬，将员工视为自己的合作伙伴，而非“打工者”，营造健康的人际关系氛围，充分体现员工的愿望和目标，使员工与组织融为一体，以企业为家，以同事为亲，从而降低员工的离职倾向。

4.8.4　幸福感和离职倾向

通过相关分析可知，幸福感及其各维度与离职倾向均在 0.01 水上显著负相关。通过回归分析可发现，幸福感与离职倾向达到显著水平，幸福感对离职倾向具有一定负向预测力。

因此，组织应加强员工的幸福管理，关心员工的工作的同时也要对员工的生活提高重视，提升员工在生活、工作和工作—生活平衡三个方面的幸福感，减少员工的离职倾向。

4.8.5　中介作用检测结果

根据温忠麟等（2004）提出的方法检测幸福感的中介作用，对自变量和因变量做回归分析，对自变量和中介变量做回归分析，自变量和中介变量同时对因变量做回归分析。通过分析数据发现：在员工交易、员工关系、团队成员、组织交易、组织关系、契约履行六个维度和离职倾向之间，幸福感起到部分中介作用。

4.8.6 研究假设的检验结果

本部分共提出了 43 个研究假设，其中，37 个研究假设得到了论证，6 个研究假设不成立。研究假设结果如表 4.32 所示。

表 4.32 检测结果汇总表

序号	研究假设	结果
H1	不同性别条件下心理契约存在显著差异	不支持
H2	与新生代男性员工相比，新生代女性员工更注重关系型心理契约	支持
H3	与新生代女性员工相比，新生代男性员工更注重交易型心理契约	支持
H4	不同性别条件下新生代女性员工更注重团队成员维度的心理契约	支持
H5	不同性别条件下心理契约的履行程度存在显著差异	不支持
H6	不同性别条件下员工的幸福感无显著差异	支持
H7	与新生代男性员工相比，新生代女性员工更注重工作幸福感	支持
H8	与新生代男性员工相比，新生代女性员工更注重生活幸福感	支持
H9	与新生代男性员工相比，新生代女性员工的工作—生活平衡幸福感更差	支持
H10	与新生代女性员工相比，新生代男性员工的离职倾向更强烈	支持
H11	不同年龄条件下心理契约存在显著差异	不支持
H12	与新生代中年员工相比，新生代青年员工更注重交易型心理契约	支持
H13	与新生代青年员工相比，新生代中年员工更注重关系型心理契约	支持
H14	不同年龄条件下团队成员心理契约责任无显著差异	支持
H15	与新生代青年员工相比，新生代中年员工更注重心理契约的履行	支持
H16	不同年龄条件下幸福感存在显著差异	不支持
H17	与新生代中年员工相比，新生代青年员工的工作幸福感更高	支持
H18	与新生代中年员工相比，新生代青年员工的生活幸福感更高	支持
H19	与新生代中年员工相比，新生代青年员工的工作—生活平衡幸福感更高	支持

续表

序号	研究假设	结果
H20	与新生代中年员工相比，新生代青年员工的离职倾向更高	支持
H21	不同学历条件下心理契约无显著差异	支持
H22	不同学历条件下员工幸福感无显著差异	支持
H23	不同学历条件下离职倾向无显著差异	支持
H24	不同生活状况下心理契约无显著差异	支持
H25	不同生活状况下生活幸福感存在显著差异	支持
H26	不同生活状况下离职倾向存在显著差异	支持
H27	不同工龄条件下心理契约存在显著差异	支持
H28	工龄越长，新生代员工的关系型心理契约越牢固	支持
H29	工龄越短，新生代员工越注重交易型心理契约	不支持
H30	不同工龄条件下团队成员的心理契约责任存在显著差异	支持
H31	不同工龄条件下心理契约履行程度存在显著差异	支持
H32	不同工龄条件下员工的幸福感存在显著差异	支持
H33	不同工龄条件下员工的生活幸福感存在显著差异	支持
H34	工龄越长，新生代员工的工作幸福感越强	不支持
H35	工龄越长，新生代员工的工作—生活平衡幸福感越强	支持
H36	工龄越短，新生代员工的离职倾向越强烈	支持
H37	心理契约及其各维度与员工幸福感显著正相关	支持
H38	心理契约及其各维度与离职倾向显著负相关	支持
H39	幸福感及其各维度与离职倾向具有显著负相关性	支持
H40	心理契约及其各维度对幸福感及其各维度具有预测能力	支持
H41	心理契约及其各维度对离职倾向具有预测能力	支持
H42	幸福感及其各维度对离职倾向具有预测能力	支持
H43	幸福感在心理契约及其各维度与离职倾向之间具有中介作用	支持

第五章　基于心理契约的新生代员工与组织行为选择的博弈

本章基于演化博弈分析了新生代员工与组织心理契约缔结过程的动态演化博弈，通过计算得出复制者动态方程的雅可比矩阵，分析局部稳定性并得出演化稳定策略，并对不同条件下的演化稳定策略进行了分析。

5.1　博弈论的概述

5.1.1　博弈论的发展历程

博弈论思想古已有之，中国古代的《孙子兵法》就不仅仅是一部军事著作，同时也算是最早的一部博弈论著作。博弈论最初主要研究象棋、桥牌、赌博中的胜负问题，人们对博弈局势的把握只停留在经验上，没有向理论化发展。

博弈论考虑游戏中的个体的预测行为和实际行为，并研究它们的优化策略。近代对于博弈论的研究，开始于策梅洛（Zermelo），波莱尔（Borel）及冯·诺依曼（von Neumann）。1928 年，冯·诺依曼证明了博弈论的基本原理，从而宣告了博弈论的正式诞生。1944 年，冯·诺依曼和摩根斯坦共著的划时代巨著《博弈论与经济行为》将二人博弈推广到 n 人博弈结构并将博弈论系统地应用于经济领域，从而奠定了这一学科的基础和理论体系。1950—1951 年，约翰·福布斯·纳什（John Forbes Nash Jr.）利用不动点定理证明了均衡点的存在，为博弈论的一般化奠定了坚实的基础。纳什的开创性论文《n 人博弈的均衡点》（1950）、《非合作博弈》（1951）等，给出了纳什均衡的概念和均衡存在定理。此外，莱因哈德·泽尔腾、约翰·海萨尼的研究也对博弈论发展起到推动作用。今天博弈论已发展成一门较完善的学科。

5.1.2　博弈论的定义

《博弈圣经》对博弈论的定义为：我们把动物利用大自然移动的瘾魂，在决策人期待的空间里，形成三维均衡的语文学理论，称为博弈论。

博弈论是指个人或是组织，面对一定的环境条件，在一定的规则约束下，依靠所掌握的信息，对各自拟订的行为或策略进行选择并加以实施，并从中各自取得相应结果或收益的过程。博弈论也是研究互动决策的理论，是具有斗争或竞争性质现象的数学理论和方法。博弈论通过研究博弈中个体的预测行为和实际行为，来研究它们的优化策略。

在博弈的过程中，每个博弈的参与方都是“理性人”，在做出最有利于自己的选择之前，都会去尽量了解别人的行动，也就是说，在己方“出招”前都会了解对方的“招数”，从而“见招拆招”，获取自身最大利益。但事情并非总如所愿，博弈的相关方也并非每次都能获取己方的最大利益。

5.1.3 博弈论的要素

博弈的基本要素包括参与者、策略、时序、收益、信息、结果和均衡。参与者指博弈中采取行动从而使效用最大化的决策主体，或者是个人，又或者是团体；策略，是参与者采取行动的规则；时序，是指规则规定的每一参与者决策的先后顺序；收益是指参与者所得到的效用；信息是指参与者决策时所依据的信息；结果，参与者感兴趣的要素的集合；均衡，是所有参与者的最优策略的组合。博弈论的理论模型的发展有利于研究利益关系方面的问题。

5.1.4 博弈论的类型

博弈论作为一种方法论，已成为经济学的标准分析工具之一。博弈因切入的方向不同，被分为以下五种不同的类型。

（1）从先前博弈信息的透明度来看，可以将博弈分为静态博弈和动态博弈。静态博弈是指在博弈中，两个参与人同时选择或两人不同时选择，但后行动者并不知道先行动者采取什么样的具体行动。动态博弈是指在博弈中，两个参与人有行动的先后顺序，且后行动者能够观察到先行动者所选择的行动。

（2）从博弈双方的类型来看，可以将博弈分为对称博弈和非对称博弈。对称博弈是指群体中个体无角色区分的博弈，在进化博弈中，不同角色一般按个体所能够选择的纯策略集合是相同还是不相同来区分的，因此对称博弈中所有的个体都有相同的行动空间。非对称博弈是不同群体间的博弈，各博弈主体的行动空间不同。

（3）从博弈主体的不同收益来看，可以将博弈分为正和博弈、负和博弈和零和博弈。正和博弈中博弈各方的收益和损失相加总和大于零且每一方的利益不受损害，这种情况并非是损人利己，而是强调了集体主义，团体理性，是效率、公平、公正，简单理解就是共赢，可以实现帕累托改进。负和博中博弈各方的收益和损失相加总和小于零，也非损人利己，而是两败俱伤的博弈。零和博弈博弈各方的收益和损失相加总和永远为零，把己方的收益建立在他人的损失之上，是损人利己的博弈。

（4）从知识的拥有程度来看，可以将博弈分为完全信息博弈和不完全信息博弈。信息是博弈中重要的内容。完全信息博弈指参与者对所有参与者的策略空间及策略组合下的支付有“完全的了解”，否则是不完全信息博弈。严格地讲，完全信息博弈是指参与者的策略空间及策略组合下的支付，是博弈中所有参与者的“公共知识”的博弈。对于不完全信息博弈，参与者所做的是努力使自己的期望支付或期望效用最大化。

（5）从是否具有有效约束机制来看，可以将博弈分为合作博弈和非合作博弈。合作博弈和非合作博弈的区别在于博弈主体间是否具有拥有约束力的协议，如果有，就是合作博弈；如果没有，就是非合作博弈。

经济学家们所谈的博弈论一般是指非合作博弈，由于合作博弈论比非合作博弈论复杂，在理论上的成熟度远远不如非合作博弈论。非合作博弈又分为：

完全信息静态博弈，完全信息动态博弈，不完全信息静态博弈，不完全信息动态博弈。与上述四种博弈相对应的均衡概念为：纳什均衡（Nash equilibrium）、子博弈精炼纳什均衡（subgame perfect Nash equilibrium）、贝叶斯纳什均衡（Bayesian Nash equilibrium）、精炼贝叶斯均衡（perfect Bayesian equilibrium），在此重点介绍纳什均衡。

纳什均衡是指在一策略组合中，所有的参与者面临这样一种情况，当其他人不改变策略时，他此时的策略是最好的。也就是说，此时如果他改变策略他的支付将会降低。在纳什均衡点上，每一个理性的参与者都不会有单独改变策略的冲动。纳什均衡点存在性证明的前提是“博弈均衡偶”概念的提出。所谓“均衡偶”是在二人零和博弈中，当局中人 A 采取其最优策略 a*，局中人 B 也采取其最优策略 b*，如果局中人仍采取 b*，而局中人 A 却采取另一种策略 a，那么局中人 A 的支付不会超过他采取原来的策略 a* 的支付。这一结果对局中人 B 亦是如此。

这样，“均衡偶”的明确定义为：一对策略 a*（属于策略集 A）和策略 b*（属于策略集 B）就叫作均衡偶，对任一策略（属于策略集 A）和策略 b（属于策略集 B），总有：偶对（a，b*）≤偶对（a*，b*）≥偶对（a*，b）。

对于非零和博弈也有如下定义：一对策略 a*（属于策略集 A）和策略 b*（属于策略集 B）称为非零和博弈的均衡偶，对任一策略 a（属于策略集 A）和策略 b（属于策略集 B），总有：对局中人 A 的偶对（a，b*）≤偶对（a*，b*）；对局中人 B 的偶对（a*，b）≤偶对（a*，b*）。

有了上述定义，可得出纳什定理：任何具有有限纯策略的二人博弈至少有一个均衡偶。这一均衡偶就称为纳什均衡点。

纳什定理的严格证明要用到不动点理论，不动点理论是经济均衡研究的主要工具。通俗地说，寻找均衡点的存在性等价于找到博弈的不动点。

纳什均衡点概念提供了一种非常重要的分析手段，使博弈论研究可以在一个博弈结构里寻找比较有意义的结果。但纳什均衡点定义只局限于任何局中人不想单方面变换策略，而忽视了其他局中人改变策略的可能性，因此，在很多情况下，纳什均衡点的结论缺乏说服力，研究者们形象地称之为“天真可爱的纳什均衡点”。

5.2　演化博弈模型构建

演化博弈是把博弈分析和动态演化过程分析结合起来的一种理论，在方法论上，它不同于博弈论将重点放在静态均衡和比较静态均衡上，强调的是一种动态的均衡。传统的动态理论通常将参与主体视作完全信息和完全理性的，但在现实生活中，博弈双方主体通常是有限理性的，且在非完全信息下博弈。用演化博弈模型分析可能会有多个均衡点，究竟到达哪个均衡点依赖于进化的初始条件和进化路径。演化博弈的复制动态模型最早由 Taylor 和 Jonker 提出，我们可以将模型看作一种无变异的自然选择学习过程。

演化博弈论这种理论是建立在人群中个体之间相互作用之上的。既然传统的博弈理论缺乏明显的理性动态考虑，那么演化博弈论可以被认为是传统博弈理论的重要补充。演化博弈论实现了传统博弈理论与动态演化学习过程两者之间的合理结合，不再沿用传统博弈论中双方的完全理性以及完全信息的假设，它将博弈方作为一个有限理性的个体，强调动态演化时需要进行多次的学习与反复的调整，最后逐渐达到一个动态均衡的状态。对演化博弈进行分析，重点研究的是博弈群体成员的策略调整过程以及系统的稳定性，而并非是为了寻求唯一的纳什均衡点,即所谓的最优策略。演化博弈与静态博弈存在着一定的差异，主要体现在演化博弈论中的均衡并非是一次性选择结果，而是在持续性学习与调整的过程中不断寻找的相对稳健的状态，这种状态并非是永恒的，而是在环境的变化过程中不断调整的。

演化博弈最重要的概念是“演化稳定策略”（Evolutionary Stable Strategy，ESS）和“复制动态”（Replicator Dynamics，RD）。其中，ESS 表示主体能够有能力去消化外界因素作用的一种稳定状态。其核心思想是，如果一个现存策略是演化稳定均衡策略，那么，必须存在一个正的入侵障碍，使得变异策略的频率低于这个障碍时，现存的策略能够比变异策略获得更高的收益。演化稳定策略具有以下一些特征：一是演化稳定策略不依赖于演化过程，它与纳什均衡一样都是静态的概念，并不探讨均衡是如何获得的；二是演化稳定策略是纳什均衡的一种精炼；三是，演化稳定策略中的博弈是两人的对称博弈，策略是离散型的纯策略，群体是无限大。

演化稳定策略是假设每个人实施一种“共同”的策略，除了一小部分“变异”的人实施可选择策略。如果“共同”策略预期的回报高，我们就会预计排除后者。如果这个结果对那一小部分人仍然有效，则共同策略可以说演化稳定。一个演化稳定策略就是这样的：一旦被人们接受，它将击退任何(很细微的)变异策略，这种策略比其他可选择的策略更能获得高回报，因此变异策略最终将被“共同”策略击退。

一般的演化博弈理论具有如下特征：它的研究对象是随着时间变化的某一群体，理论探索的目的是为了理解群体演化的动态过程，并解释说明为何群体将达到目前的这一状态以及如何达到。影响群体变化的因素既具有一定的随机性和扰动现象(突变)，又有通过演化过程中的选择机制而呈现出来的规律性。大部分演化博弈理论的预测或解释能力在于群体的选择过程，通常群体的选择过程具有一定的惯性，同时这个过程也潜伏着突变的动力，从而不断地产生新变种或新特征。

演化博弈有别于传统博弈的重要特征之一是，它着重考察了群体规模和策略频率的演化过程。演化博弈的演化过程主要包含两个机制：变异机制和选择机制(Weibull，1995)。演化博弈对演化过程的建模主要依赖于选择机制。复制者动态是一种典型的基于选择机制的确定性和非线性的演化博弈模型。在此模型上加入策略的随机变动，就构成了一个包含选择机制和变异机制的综合演化博弈模型，通常也被称为复制者—变异者模型(Nowak，2006)。复制者动态存在两种类型：离散模型和连续模型。前者用差分方程建模，后者用微分方程建模。尽管离散模型比连续模型更加真实，但是，它却比连续模型更加难以计算和求解。为了简化分析，演化博弈通常采用连续的复制者动态。由于复制者动态是非线性的，很难求出唯一的解。因此，演化博弈就从对均衡的求解转向对均衡稳定性的分析。通过引入突变机制，演化博弈的均衡概念是一种演化稳定均衡。演化稳定策略与复制者动态两个概念是演化博弈理论的核心概念，两个概念相继被提出之后，演化博弈的研究更加明确了。

5.3 演化博弈模型的假设及分析

由于心理契约的定义尚未形成统一的认识，本书依据前人观点，认为心理契约是组织和员工在雇佣关系中彼此相互的责任和义务。按照维度的不同，心理契约可分为交易型心理契约和关系型心理契约。交易型心理契约主要指组织提供明确具体的物质利益方面的报偿，主要包括工作报酬、福利待遇等经济性报偿和组织对员工的职责承担和工作绩效等构成的心理期望，这些期望一般是与雇佣关系相关的基本责任和要求。关系型心理契约主要指组织给员工提供广泛的、长期的、强调未来发展和社会情感方面的心理期望，这些期望一般包括事业发展的机会、工作的挑战性及对个人的关怀和支持。笔者在此引入经济学中的博弈论方法，通过构建一个员工和组织行为选择的不完全信息动态博弈模型，来分析员工和组织之间的心理契约动态发展过程及其行为选择。

5.3.1 模型的基本假设

现将组织与员工之间建立的心理契约分为交易型心理契约和关系型心理契约两种，员工的行为选择分为积极忠诚和消极怠工两类。当员工判断组织倾向于建立的心理契约为关系型心理契约时，其工作积极性与主动性会相应提高；而当员工判断组织倾向于建立交易型心理契约时，员工预计的期望没有达到、利益无法实现，就出现了负面情绪和消极工作态度。其中，P_1 代表组织选择关系型心理契约，P_2 代表组织选择交易型关系契约，A_1 代表员工选择积极忠诚的工作，A_2 代表员工选择消极怠工。在本博弈分析中，我们假设：

（1）组织与员工都是理性的，目标都是追求自身利益最大化。

（2）组织为了让员工积极工作并对企业忠诚，会传递对自己有利的信息，规避不利信息，因此，组织所呈现出来的信息可能是不真实的。

（3）员工选择积极忠诚的工作态度时，付出的成本是 C_1，此时组织得到的收益为 V_1；员工选择消极怠工的工作态度时，付出的成本是 C_2，组织得到的收益为 V_2。

（4）组织选择建立关系型心理契约时，付出的成本为 D_1，此时员工得到的收益为 U_1；组织选择建立交易型心理契约时，付出的成本为 D_2，员工得到的收益为 U_2。

（5）当员工选择积极忠诚时，却发现组织选择建立的是交易型心理契约，此时会感到心理契约遭到违背，由此对组织产生的负面情绪效用为 e_1；而当员工选择消极怠工，却发现组织建立的是关系型心理契约时，会因为自己的消极工作态度感到愧疚自责，此时产生的负向效用为 e_2。

（6）组织与员工建立关系型心理契约付出的成本要大于交易型心理契约，即 $D_1 > D_2$；员工选择积极忠诚工作比消极怠工付出的成本要大，即 $C_1 > C_2$。

基于以上假设，得到组织和员工双方博弈的支付矩阵，如表 5.1 所示。

表 5.1　组织与员工博弈的支付矩阵

		组织 P	
		关系型心理契约（p）	交易型心理契约（$1-p$）
员工 A	积极忠诚（q）	U_1-C_1，V_1-D_1	U_2-C_1，$V_1-D_2-e_1$
	消极怠工（$1-q$）	$U_1-C_2-e_2$，V_2-D_1	U_2-C_2，V_2-D_2

5.3.2 博弈模型的分析

在博弈的初始阶段，假设组织选择关系型心理契约的概率为 p，则选择交易型心理契约的概率就是 $1-p$；员工选择积极忠诚的概率是 q，那么选择消极怠工的概率就是 $1-q$。

组织与员工之间从一开始就产生相互期望的心理契约，员工和组织之间心理契约的形成过程同时也是员工和组织之间的决策过程，而且在双方合作过程中不断依据对方行为调整自身的心理契约目标值。在决策过程中，组织与员工的信息是不完全的，不对称的，有先后次序，组织通过给付的方式首先行动，员工通过观察组织给付判断组织的心理契约来帮助自己进行选择，这是一种动态博弈过程。以下是演化博弈分析。

1. 员工收益

员工选择对组织积极忠诚时的收益：

$$E(A_1)=p(U_1-C_1)+(1-P)(U_2-C_1)$$

员工选择对组织消极怠工时的收益：

$$E(A_2)=p(U_{12}-C_2-e_2)+(1-P)(U_2-C_2)$$

员工以 q 和（$1-q$）的概率分别选取 A_1 和 A_2 的平均收益：

$$\overline{E}(A)=qE(A_1)+(1-P)E(A_2)$$

根据复制者动态微分方程的定义，如果博弈方的收益超过了种群的平均水平，那么其中的个体数量就会增加。而如果某博弈方的收益低于平均水平，那么它在整个种群中的比重就会下降。因此采用较低支付策略的博弈方会逐渐改变自己的策略，不断学习和模仿具有较高支付的策略，因此群体中采用不同策略成员的比例就会发生变化。因此，我们可以得到员工选择积极忠诚的复制者动态微分方程，即

$$\frac{dq}{dt}=q\left[E(A_1)-\overline{E}(A)\right]=q(1-q)(C_2-C_1+pe_2) \tag{5-1}$$

根据该复制者动态微分方程，令 $F(q)=\frac{dq}{dt}=0$，则可以得到三个可能的平衡点，分别为：$q=0$，$q=1$ 和 $p=\frac{C_1-C_2}{e_2}$。

但是这三个点并不都是 ESS，如果 $p^*=\frac{C_1-C_2}{e_2}$ 作为 ESS 的点 p^*，除了本身必须是稳定均衡状态以外，还必须具有抗扰动的功能，即如果 p 偏离了 p^*，复制动态仍然会使 p 恢复到 p^*，其数学含义就是当 $p<p^*$ 时，$F(q)=\frac{dq}{dt}>0$；当 $p>p^*$ 时，$F(q)=\frac{dq}{dt}<0$ 也就是在演化稳定点 $F(q)$ 的导数小于 0，或者说 $F(q)$ 与水平轴相交处的切线斜率为负值，即满足：$F(q^*)=0$，且 $F'(q^*)<0$。

$$F'(q)=(1-2q)(C_2-C_1+pe_2)$$

如果 $p=p^*$，$F'(q^*)=0$，这意味着所有 Q 轴上的点都是稳定状态；如果 $p\neq p^*$，则可得到两个可能的平衡点 $q=0$、$q=1$。此时有两种情况，当 $p<p^*$ 时，$F'(0)>0$，$F'(1)<0$，则 $q=1$ 是 ESS；当 $p>p^*$ 时，$F'(0)<0$，$F'(1)>0$，则 $q=0$ 是 ESS。

2. 组织收益

当组织选择关系型心理契约时，则收益可以表示为：

$$E(P_1) = q(V_1 - D_1) + (1-q)(V_2 - D_1)$$

当组织选择交易型心理契约时，则收益可以表示为：

$$E(P_2) = q(V_1 - D_2 - e_1) + (1-q)(V_2 - D_2)$$

当组织以 p 和（$1-p$）的概率选取 P_1 和 P_2 时，其平均收益为：

$$\overline{E}(P) = pE(P_1) + (1-p)E(P_2)$$

由此可以写出组织选择关系型心理契约的复制动态微分方程：

$$\frac{dp}{dt} = p\left[E(P_1) - \overline{E}(P)\right] = p(1-p)(D_2 - D_1 + qe_1)$$

根据该复制者动态微分方程，令 $F(p) = \frac{dq}{dt} = 0$ 则可以得到三个可能的平衡点 $p = 0$、$p = 1$ 和 $q = \frac{D_1 - D_2}{e_1}$，但是这三个点并不都是 ESS。$F'(p) = (1-2p)(D_2 - D_1 + qe_1)$，如果 $q^* = \frac{D_1 - D_2}{e_1}$，$F'(p) = 0$，这意味着所有 P 轴上的点都是稳定状态；如果 $q \neq q^*$，则可得到两个可能的平衡点 $p = 0$、$p = 1$。此时有两种情况，当 $q < q^*$ 时，$F'(0) < 0$，$F'(1) > 0$，则 $p = 0$ 是 ESS；当 $q > q^*$ 时，$F'(0) > 0$，$F'(1) < 0$，则 $q = 1$ 是 ESS。

上述微分方程就构成了新生代员工行为选择与组织责任履行的演化博弈模型，员工与组织这两大群体的演化博弈过程也由该微分方程来描述，即

$$\begin{cases} F(q) = \dfrac{dq}{dt} = q(1-q)(C_2 - C_1 + pe_2) \\ F(p) = \dfrac{dp}{dt} = p(1-p)(D_2 - D_1 + qe_1) \end{cases} \tag{5–2}$$

如果将 $E(q, p)$ 看作员工与组织博弈过程的策略组合，由复制动态方程可知，使得 p 和 q 达到进化稳定状态可以找到 5 个可能的局部均衡点：E_1（0，0）、

$E0_2$（0，1）、E_3（1，0）、E_4（1，1）、E_5（q^*，p^*）。

E_1 表示员工选择消极怠工，组织选择建立交易型心理契约；

E_2 表示员工选择消极怠工，组织选择建立关系型心理契约；

E_3 表示员工选择积极忠诚，组织选择建立交易型心理契约；

E_4 表示员工选择积极忠诚，组织选择建立关系型心理契约。

复制动态方程 $F(q)$、$F(p)$ 所描述的是演化系统的群体状态，均衡点的稳定性可由该系统的雅可比矩阵的局部稳定性分析得到。若非线性化系统状态方程的雅可比矩阵的特征根都是负值的时候，原非线性系统的平衡态渐进稳定；若非线性化系统状态方程的雅可比矩阵的特征根存在正值的时候，原非线性系统的平衡态不稳定；满足行列式值为负的均衡点为演化博弈的鞍点。

对公式 $F(q)$ 和 $F(p)$ 的 p 和 q 分别取偏导数可以得到复制动态方程的雅可比矩阵，即

$$J=\begin{bmatrix}(1-2q)(C_2-C_1+pe_2) & q(1-q)e_2\\ p(1-p)e_1 & (1-2p)(D_2-D_1+qe_2)\end{bmatrix} \tag{5–3}$$

由雅可比矩阵可知，该矩阵的行列式为：

$$\det J=(1-2q)(C_2-C_1+pe_2)(1-2p)(D_2-D_1+qe_1)-q(1-q)e_2p(1-p)e_1$$

矩阵 J 的迹为：

$$\operatorname{tr}J=(1-2q)(C_2-C_1+pe_2)+(1-2p)(D_2-D_1+qe_1)$$

运用雅可比矩阵的局部稳定分析法对 5 个可能的均衡点进行平稳性分析，分别带进雅可比矩阵得出非线性系统的 ESS，见表 5.2。

表 5.2　雅可比矩阵局部稳定性

均衡点	det J	tr J	结果
E_1（0，0）	$(C_2-C_1)(D_2-D_1)$	$(C_2-C_1)+(D_2-D_1)$	ESS
E_2（0，1）	$-(C_2-C_1+e_2)(D_2-D_1)$	$(C_2-C_1+e_2)-(D_2-D_1)$	不确定
E_3（1，0）	$-(D_2-D_1+e_1)(C_2-C_1)$	$(D_2-D_1+e_1)-(C_2-C_1)$	不确定
E_4（1，1）	$(C_2-C_1+e_2)(D_2-D_1+e_1)$	$-[(C_2-C_1+e_2)+(D_2-D_1+e_1)]$	不确定
E_5（q^*，p^*）	$-(C_2-C_1)(D_2-D_1)\dfrac{(C_2-C_1+e_2)(D_2-D_1+e_1)}{e_1e_2}$	0	不确定

结果显示 E_1（0，0）为稳定点，其他点暂不确定。在对其条件进行约束的情况下，进一步判断 E_2、E_3、E_4、E_5 的平稳性，见表 5.3。

表 5.3　不同约束条件下的局部稳定性分析

	约束条件		E_1	E_2	E_3	E_4	E_5
1	$C_1-C_2>e_2$	$D_1-D_2>e_1$	ESS	鞍点	鞍点	不稳定	鞍点
2	$C_1-C_2>e_2$	$D_1-D_2<e_1$	ESS	鞍点	鞍点	鞍点	不稳定
3	$C_1-C_2<e_2$	$D_1-D_2>e_1$	ESS	不稳定	鞍点	鞍点	不稳定
4	$C_1-C_2<e_2$	$D_1-D_2<e_1$	ESS	不稳定	鞍点	ESS	鞍点

从上述新生代型员工行为选择与组织责任履行过程的动态演化过程来看，表 5.3 中不同约束条件下的均衡策略只是一种理想状态，但从中折射出来的信息却对组织与员工关系的选择有着重要的启示。下面对这四种情况进行具体的分析：

（1）在第 1、2 种约束条件下，系统存在唯一的演化稳定点（0，0），三个鞍点以及一个不稳定点。在第 3 种约束条件下，系统存在唯一的演化稳定点

E1、两个鞍点以及两个不稳定点。不管系统初始状态如何，最终系统将演化至演化稳定点 E1，即员工选择消极怠工，组织选择建立交易型心理契约。由前述假设可知，C_1-C_2、D_1-D_2 分别为员工与组织两种选择情况投入的成本差，e_2、e_1 分别为员工与组织所受到的负向效用。$C_1-C_2>e_2$ 表明员工两种选择的成本差大于由于羞愧自责产生的负向效用，$C_1-C_2<e_2$ 则相反；$D_1-D_2>e_1$ 表明组织心理契约的两种选择的成本差大于员工由于心理契约遭到违背所产生的负向效用，$D_1-D_2<e_1$ 相反。其演化相位图见图 5.1。

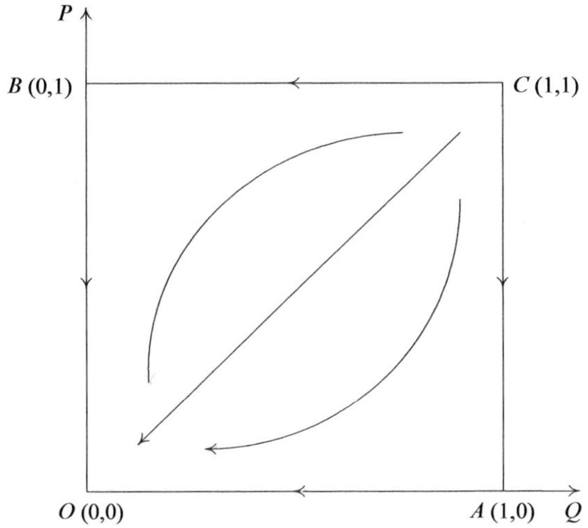

图 5.1　条件 1、2、3 约束下系统的动态演化图

（2）在第 4 种约束条件下，系统有两个演化稳定点（0，0）和（1，1），两个鞍点（1，0）和（q^*，p^*）和一个不稳定点（0，1），演化相位图见 5.2，由图中可以看出不稳定平衡点与鞍点所连成的折线 OD、CD 构成系统收敛至不同均衡的临界线，折线右上方 $ADBC$ 部分将收敛至演化稳定策略 E_4（1，1），整个系统的帕累托最优均衡点就是 E_4（1，1）。而折线左下方 $OADB$ 部分则收敛至演化稳定策略 E_1（0，0），该均衡点为整个演化系统的帕累托劣均衡，这两种演化稳定策略共存。如图 5.1，图 5.2 所示。

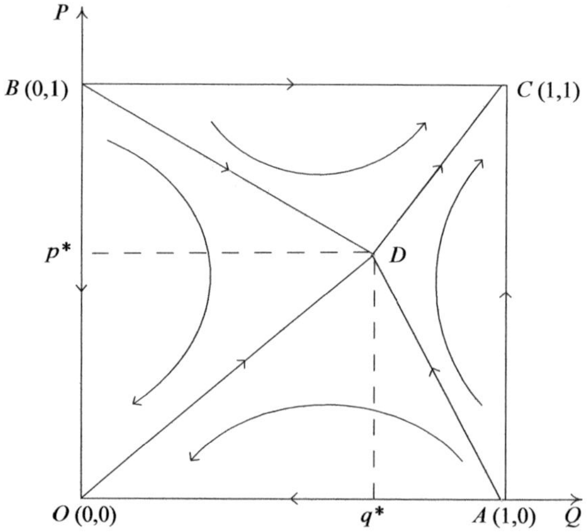

图 5.2　条件 4 约束下系统的动态演化图

5.4　结论与建议

通过对新生代员工和组织的演化博弈的分析，我们可以认识到，对于第 1、2、3 种情况而言，博弈的均衡点是（0，0），也就是说员工选择消极怠工，组织选择交易型心理契约，虽然博弈的结果是均衡的，但对参与者双方来说并不是最有利的结果。对新生代员工和组织而言，高度履行自己的责任远比逃避自己的责任更有利，两者都充分履行自己应当承担的责任，才有可能形成稳定的心理契约关系，才能够实现双方利益长久的均衡，实现双方共赢。

组织心理契约关系的选择与员工的行为选择有着密切的联系，它影响着员工的职业态度和价值取向以及企业绩效目标的达成。因此，组织与员工应相互支持、合作、沟通，管理者需要重视沟通在维持心理契约关系中的重要作用，正确引导员工，并对归因进行合理解释。否则，忽视心理契约的作用，淡化对员工的人性化关怀，其后果将十分严重。新生代员工不同于一般的普通员工，他们有强烈的实现自我价值的愿望，相比于物质激励，他们会更加重视精神激励和个人成长发展，有效地从精神层面和激励追求创造性方面对新生代员工投资将会得比预期更高的收益。组织作为双方合作和行动的先行者，在给员工承诺时真实可信，所有有利不利的信息都要清晰地传递给员工；同时，对于自己的承诺要积极予以兑现。由于组织生存环境的高度不确定性，组织在发展的特定阶段，往往会出现无法兑现自己承诺的情况，此时组织代理人要及时给组织成员以合理解释，以争取组织成员的支持和理解。

作为新生代员工，在现代企业劳动契约关系中的主动性已经大大提高，在处理员工与组织关系时要妥善处理个人发展目标和组织发展目标的关系，要具备准确感知自身与企业之间心理契约关系状态的能力。当员工感知到的组织实践与企业所宣称的承诺不相符时，两者之间的心理契约便存在破裂的可能。如果心理契约破裂成为现实，对于员工来说，选择离职去其他企业以寻求更适合自己的发展机会是明智的。在未产生离职倾向的情况下，员工应积极履行自己在组织发展中应当承担的责任，以实现个人和组织的协同发展。

5.5 本章小结

本章对新生代员工与组织责任履行情况进行了分析，并基于演化博弈分析了员工和组织心理契约缔结过程的动态演化规律。组织心理契约类型的选择与员工的行为选择之间呈现动态的博弈关系，运用演化博弈理论研究组织与员工之间建立的心理契约类型对员工行为选择产生的影响，将二者之间的心理契约分为交易型心理契约和关系型心理契约，员工的选择为消极怠工和积极忠诚，通过计算得出复制者动态方程的雅可比矩阵，分析局部稳定性得出四种演化稳定策略，并对不同条件下的演化稳定策略进行分析。分析后得出结论：员工与组织都要履行自己应当承担的责任，才能形成稳定的心理契约关系，实现各自的利益最大化。

第六章　个案研究：山西移动公司新生代员工幸福感及离职倾向

本章通过结构方程对山西移动公司新生代员工工作幸福感及离职意向进行研究分析，为后续的理论与实践研究提供了现实依据，对我国进一步提升员工的工作投入度，激发员工工作热情，提高工作绩效，破解当前面临的压力和问题提供了良好的研究素材。

6.1　信息通信行业发展状况

6.1.1　信息通信行业概念及主要特征

信息通信行业又称信息业或者通信业，是通常所说的信息技术产业（IT）的三大支柱产业之一，包括通信服务业和通信设备制造业两个子行业。近几十年来，由于通信技术的不断发展创新，监管运营体制的变革，行业内激烈地竞争和不断地兼并重组等，我国通信行业经历了飞速的发展，逐渐成为我国发展最快、最具影响力的产业之一。

通信行业属于信息技术业，技术对行业的贡献率非常高。通信行业与传统行业相比，有其独特的特点，具体表现如下。

第一，通信行业是知识、技术、智力密集型产业。通信技术的发展和进步源于大量的发明和创造，需要专业的高水平的人员来进行，也需要专业人员之间的联合协作，决定了这种产业对劳动者知识水平、智力水平的要求较高。

第二，通信行业是产出高、效益好的高增值型产业。通信行业是集资本、技术、知识于一身的产业，随着资本的投入、技术的进步和知识的积累，通信行业的生产规模越来越大，产业规模的扩大不仅带来高产出，而且还形成了规模经济，从而提高资源的利用率、提高劳动生产率、降低产品的生产成本，具有高增值率。

第三，通信行业是高风险性行业。通信行业的高收益性建立在高风险性的基础之上，其风险性表现如下：一是通信行业是高投入型产业，产品和技术研发在初期需要投入巨额资金，并且由于创新的不确定性，巨额投入有可能血本无归。二是通信产品的市场范围比较小，量产前价格过高，产品的专用性过强等，导致其产品的市场需求不确定。

6.1.2 中国通信行业发展过程概述

改革开放 40 年来，我国的信息通信行业取得了长足的发展，实现了历史性的跨越。从最初制约国民经济发展的“瓶颈”，一跃成为带动国民经济增长的先导产业和支柱产业。近年来，通信技术突飞猛进，通信科技成为当代科技发展的主导力量，通信行业也成为现代基础的民生服务行业之一，对生产力的发展和人类社会的进步起到了直接、积极的作用。

我国以通信运营业和通信制造业为主的通信行业已经成为多元化发展的产业链。通信运营业是以数字信息传输、通信业务服务以及通信互联网运营为组合。而通信制造业是为通信运营业服务的，通过通信设备制造、通信设备应用、设备连接的方式，在整体的通信运行系统、运行网络建设等方面进行全面发展。在对信息通信行业进行整体分析的过程中，其设备分类以交换设备、接入设备、传输设备以及数据通信设备为主，而通信产品是以固定通信终端、移动通信终端为主。

通信运营业的发展随着通信科技的更新换代，不断推陈出新。2008 年，我国信息通信行业进行了较大规模的改革和创新，初步形成了以移动、联通、电信三大运营商为龙头的三足鼎立的格局。2009 年，在第三代移动通信牌照落实到市场并进行推广后，国内通信行业逐渐向着 3G 通信网络转型，3G 对通信业运营商的格局影响很大，促使各个运营商不断进行技术创新，尤其之后几年，随着技术的进步、生活水平的提高，智能机已深入千家万户，取代了原来的低端机，微信、微博、手机电视等都进入了用户的生活，成为现代人们生活中不可或缺的一部分。2013 年与 2014 年之交，4G 牌照发放，中国通信行业正式进入第四代移动通信时代。近几年，中国通信行业完成了 4G 网络的建设和普及，推动了 4G 的快速发展，提升了数据业务的速度，提高了语言通话的质量，缓解了之前技术落后、服务质量差的压力。2018 年，“中美贸易摩擦”无疑成为刺入资本市场的一把利剑，也压制了通信行业的投资热情。实际上，自从中美贸易摩擦不断升级以来，中国通信设备商所面临的国际经营压力一直较大，且事端不断。但是中国通信行业不忘初心，继续向着世界先进水平迈进。2018 年年底，工业和信息化部在北京召开了 2019 年全国工业和信息化工作会议，会议明确了有关 5G 商用和提速降费等多个对通信行业具有重大影响的部署。随着 4G 应用的不断发展以及未来 5G 的商用、三网融合快速推进、物联网应用场景逐步落地，中国通信行业整体上繁荣发展，业务收入有望持续增加。通信行业高速发展的大背景将会驱动通信网络技术服务进入新一轮的增长期，为通信网络技术服务行业带来新的发展契机。

6.1.3 中国通信行业发展现状分析

近年来，人们对网络的需求快速增长，互联网流量以每年 40% 以上的增速快速增长，成为拉动信息基建的关键因素。此外，“宽带中国”战略持续推进，进一步加速运营商等信息基建投资的落地。光通信技术快速发展，为信息基建提供了可靠的技术支撑。新时代，中国通信行业发展现状如下。

第一，我国人均月度流量继续呈爆发式增长。随着智能手机的飞速发展，硬件设备越来越完善，不同功能的 APP 大量涌现，传统软件的流量值也大幅增长。2014 年以来，4G 网络的完善促使移动流量爆发式增长。2015 年以来，中国移动大力推进光接入，固网宽带消费需求释放，两者共同推动中国互联网流量每 2 年实现翻倍，骨干传输网——光通信设备，每 3 年升级一次，称为“光学摩尔定律”。截至 2018 年 4 月，我国人均移动月度流量已达 3.5G，同比增长

138%。人类对网络的需求持续扩大，（固网 + 无线）互联网流量持续以 40% 以上的复合速率爆发式增长，拉动信息基建持续投资。

第二，政策层面再次推进提速降费，加速信息基建投资落地。2017 年国务院发布“信息消费”指导意见，提出到 2020 年，信息消费规模预计达到 6 万亿元，年均增长 11% 以上，再次强调实现“宽带中国”战略目标，2020 年我国信息基础设施达到世界领先水平。2018 年的政府工作报告中提出，针对中国信息通信行业，要加大提速降费力度，取消流量漫游费，手机流量资费年内至少降低 30%。消息一出，三大运营商纷纷表示将坚决贯彻落实国家“提速降费”的政策要求，把提速降费作为今后的工作重点来抓。

第三，5G 渐行渐近，新技术打开市场需求潜力。2018 年年底，工业和信息化部在北京召开了 2019 年全国工业和信息化工作会议，会议明确了有关 5G 商用和提速降费等多个对通信行业具有重大影响的部署。根据中国信通院《5G 经济社会影响白皮书》预测，按照 2020 年 5G 正式商用算起，预计当年将带动约 484 亿元的直接产出，2025 年、2030 年将分别增长到 3.3 万亿元、6.3 万亿元，10 年间的年均复合增长率为 29%，未来通信技术产业业务量有望爆发，产业大有可为。

6.2 山西移动公司人力资源现状

6.2.1 企业概况

中国移动出身于中国电信，而中国电信之前的身份是电信局、邮电局。而中国移动通信集团山西有限企业（简称山西移动公司）隶属于中国移动通信集团，是通信行业内的大型国有企业。山西移动公司于 1999 年 9 月 1 日成立，2002 年 7 月在香港和纽约成功上市，下设 11 个市分企业、一个全资子企业和 96 个县级分企业。山西移动公司主要经营移动话音、数据、IP 电话和多媒体业务、计算机信息网络、国际联网和基于移动通信业务的各类增值业务，拥有“全球通”“神州行”“动感地带”等著名客户品牌。截至 2017 年，客户量已经多达 700 万户，其网络规模高达 860 万户，成为整个山西通信行业重要的组成部分。

山西移动公司一直积极响应国家信息化建设的号召，在全省充分扩展信息业务，建立信息基础设施，很大程度上提升了全省的经济水平。企业一直将客户作为业务发展的中心，尽可能满足客户的需求，并不断进行业务创新，推出更加优质的服务来满足客户不同的需求。企业不仅仅在推动全省经济发展方面做出了贡献，还尽可能为社会服务，帮助弱势群体，支持教育事业等。时刻关注应急通信保障，危难时刻显身手，用实际行动诠释了“正德厚生，臻于至善”的企业核心价值观。

山西移动公司是一个充满发展潜力的、持续成长型企业。在构建和谐社会的进程中，直接承担着拉动经济增长、传播信息文明和沟通人类情感的任务。面向未来，企业确立了“铸就国际领先，实现可持续发展”的发展战略目标，围绕这一目标，山西移动公司将继续肩负民族信息化发展的历史使命，立足山西经济文化建设大局，以转变发展方式、提高发展质量为主线，以学习、借鉴、创新为驱动，系统推进集中化管理和低成本高效运营，加大对个人客户的生活服务份额和对社会各行各业的信息服务份额，用信息化技术推进三晋大地生产生活方式的改变，为全省的转型发展、为新山西的构建不断做出新的贡献。

6.2.2　山西移动公司人员状况

时代变迁，科技发展，越来越多的科研成果转化落地，中国信息通信行业也发生了翻天覆地的变化，为了顺应时代的发展，与时代同行，山西移动公司也不断调整员工的构成，使员工的结构发生了明显的变化。

一方面，员工学历要求越来越高。2015 年，山西移动公司对员工的构成进行了调整，精简后以中青年以及较高学历的员工为主体，工作效率大幅度提升，使得企业的综合实力以及发展潜力得到相应的保障，在一定程度上达到了提升企业综合实力的根本目的。现阶段，山西移动公司的企业规模不断扩大，发展速度不断提升，亟须更多的人才进入企业，为企业的发展带来新的动力。因此企业需要在不断培训员工的同时，加强外部人才的招聘工作，确保有更多的人才加入到企业中去，提升企业的综合实力。

另一方面，工程技术人员的比例逐渐提升。目前，整个企业内部比重最大的是营销和推销人员，其次是工程技术人员。在整个企业良性运转的过程中，销售是尤为重要的环节之一，整个企业的销售能力决定着企业的市场竞争力。而工程技术人员是整个企业技术方面的有力支撑，是企业保持强大竞争力的动力之源，他们主要进行企业的技术研发以及工程的建设，为企业进一步开拓市场提供坚实保障。

6.2.3　山西移动公司人力资源管理现状

在员工使用方面，山西移动公司采用了末位淘汰制以及高层管理人员的交流制度，对于各相关企业的管理层制定了详尽的考核标准，并根据实际情况对其进行适当的调整，确立了具有极强工作管理能力的管理层。同时企业在合理控制企业员工数量的基础上，加强了对专业人才的引进，不断优化人员组成结构，增强企业员工的综合实力。

在员工培训方面，山西移动公司为了确保不同岗位的员工能够通过合适的培训方式来提升他们的工作能力，实现员工综合水平、专业素质的提升，积极进行员工培训。山西移动公司的员工每年参加培训的概率为 25%，针对一些新调入的员工和复退军人以及转岗人员进行 100% 培训。山西移动公司十分重视员工的培训工作，在员工培训方面的资金投入也在逐年增加，其中培训费用占总支出的 5%，超过了总企业所设定的 1.5% 的标准，可以看出，山西移动公司希望通过增加员工培训的方式，增强员工的专业技能，提升企业的综合实力。

在薪酬方面，根据员工的考核绩效来确定员工的薪酬。从总企业到省企业均采用同一套考核体系，各单位运用考核体系对员工进行考核，得出每一名员工的绩效成绩，进而决定每一名员工应当获得的薪酬。员工的薪酬情况很大程度上由岗位决定，员工在不同岗位的薪资由所属单位根据实际情况进行设定，同时各岗位有着不同的考核标准，如管理岗位的主要考核指标为绩效，生产岗位的主要考核指标为工作量的大小。

在员工的招聘和升迁方面，山西移动公司根据不同的对象设置了以下几种不同的标准：招聘应届毕业生的标准是学历水平达到本科，毕业于相关的专业，熟练掌握专业知识，在个人品德方面无缺陷等；招聘其他企业员工的标准是学历水平达到本科以上，有多年的工作经验，工作能力强，熟练掌握专业知识，能够在合适的工作岗位做出优秀的工作成绩，并且需要在外语和计算机方面达到相应的标准，才能得到相应的任职资格。

在员工福利方面，山西移动公司严格按照国家相关标准执行，确保每一名员工的基本权益都能够得到保障，企业的运营管理严格遵循国家的劳动法规，确保员工能够按时得到相应的薪酬，企业与员工一直保持着良好的关系。

由上文可知，现阶段山西移动公司拥有较为高效、合理的人力资源管理体系，同时企业也在不断发现该体系之中的问题，并进行积极的完善、整改，使得企业能够不断优化自身的人员结构，使得员工的整体水平有较大的提升，保持企业持续向上发展的态势。然而，山西移动公司最先是归属于电信局，其人力资源管理体系中还留有很多国企的影子，而现阶段该企业的业务范围与企业规模都在不断扩大，在这种情况下，国企的人力资源管理体系难免会影响到企业的扩张，因此管理者需要基于自身情况以及发展前景，制定合理有效的发展管理方针，并且通过对人力资源管理体系的改善、优化，从根本上推进企业的发展。同时，企业还可以积极调查、研究其他相关企业在人力资源管理方面的优缺点，学习成功的管理经验，进而完善自身的管理体系。使用这种方法的前提是企业要明确自身的实际情况，不能生搬硬套，因为不同的实际情况将会有不同的解决方法，生搬硬套很可能会导致企业本身的管理体系崩溃，所以要将其他企业的成功经验与企业自身相结合，最终得到最为合适、高效的管理体系。

6.3　案例研究设计

上一节仅对山西移动公司员工的现状进行了一个概况性的描述，没有深入挖掘其内部问题。为了进一步明确山西移动公司在员工管理方面的缺陷，笔者采用问卷设计对山西移动公司进行了实证分析。

6.3.1 问卷设计

由于该案例的研究目的与上文相一致，只是运用更加详细、严谨的方法对各变量之间的关系进行验证，是对上文研究的延续和深化，故在该案例中继续使用上文已经通过各种检验、信效度都比较好的量表所组成的调查问卷，各个研究变量仍使用上文的相关定义，但此处是以提高公司的员工管理水平、降低员工的离职率为最终目标，故案例中员工的幸福感只考察工作幸福感与工作—生活平衡幸福感两个维度。

6.3.2 样本数据说明

不同行业的员工的离职倾向，会因地点、工作性质等因素的不同而有所不同。在此，本书以山西移动公司的新生代员工为研究对象，选取了 200 名 2005 年以后进入企业的员工，并保证其在 1980 年以后出生且广泛分布于企业各部门和大部分岗位。在征得被调查对象同意后，先对个别调查对象进行访谈，再发放问卷给符合要求的新生代员工。此次调查共发放 200 份问卷，其中，有 187 份有效问卷被回收。回收率达到 93.5%。表 6.1 是对参加本次问卷调查的山西移动公司员工的基本情况，从性别、出生年份、学历、生活状况及工龄等方面进行的汇总。

表 6.1　山西移动公司员工基本情况汇总

人口学变量	编码	类别	人数	百分比	累计百分比百
性别	1	男	59	31.55%	31.55%
	2	女	128	68.45%	100.0%
出生年份	1	1980—1984	34	18.18%	18.18%
	2	1985—1989	46	24.59%	42.77%
	3	1990—1994	42	22.70%	65.47%
	4	1995 以后	65	34.94%	100.0%
学历	1	高中及以下	34	18.18%	12.29%
	2	大专	46	24.59%	36.88%
	3	本科	84	44.91%	81.79%
	4	研究生及以上	23	12.29%	100.0%
生活状况	1	单身	82	43.85%	43.85%
	2	已婚无子女	22	11.76%	55.61%
	3	已婚有子女	52	27.80%	83.41%
	4	离异有子女	31	16.57%	100.0%
工龄	1	1 年以内	28	14.97%	40.1%
	2	1~2 年	68	36.73%	66.83%
	3	3~5 年	54	28.71%	85.54%
	4	5 年以上	37	20.10%	100.0%

从性别来看，男性员工占比 31.55%，女性员工占比 68.45%，女性员工人数比男性员工高出 36.9%，这主要是由山西移动公司这一服务行业的特性所决定的。从出生年份来看，出生于 1995 年以后的员工占比最高，这说明该企业有意识地招聘新员工，给企业带来新活力。从学历来看，36.88% 的员工具有大专及以下学历，44.91% 的员工具有本科学历，而参与调查的样本中，仅有 12.29% 的员工具有本科以上学历。这可能是因为山西移动公司的员工大多数

是一线服务类员工，对学历的要求并不高，也可能是因为移动企业的工资待遇等水平不能满足较高学历的员工，会造成高学历者的离职倾向也较高。从被调查者的婚姻状况来看，单身人数最多，占比 43.85%，其次是已婚有子女的员工，占比 27.80%，其他情况的员工相对较少，这与企业员工的年龄构成相一致。从工作年限来看，工龄在 1~2 年和 3~5 年的员工占比较高，工龄在 1 年以内的员工占比最少，即山西移动公司的人员流入较小，很大程度上是因为移动企业在通信业中正处于一个垄断的地位，同时该企业自身综合实力较强，有着不错的薪资待遇，使得员工的流失较少，职位空缺较少，不需要招聘大量新员工。

6.3.3 描述性分析

随着时代的进步和企业的不断壮大与发展，企业内部员工的年龄越来越低，素质越来越高。这样一来，人才结构的变化也就意味着传统的管理机制已经不能同现有的新的人才群体相适应，如果不能推陈出新，摒弃一些老旧的管理机制，那么企业的员工管理将会出现重大的问题。下面笔者将对问卷中具有代表性的问题进行详细分析。

由表 6.2 可知，60% 的员工对目前自己获得的薪资水平表示不满意，认为与自己的劳动付出不一致。对此，企业在不断发展壮大，资金不断积累的同时，应该适当提高员工的薪资水平，如果员工长期不满意自己的薪资水平，就会造成人员的严重流失，进而对企业的发展造成不可弥补的损失。

表 6.2　调查问卷部分题项填写结果

序号	项目	平均数	感到符合所占比例（%）
1	公司提供具有吸引力的薪酬	2.14	35.7
2	公司根据员工的工作业绩发放工资和奖金	2.21	32.2
3	公司制定了完善的绩效考核制度并严格执行	1.86	22.3
4	公司为员工提供大量的工作培训	2.74	38.2
5	工作中能充分地展示和发挥自己的能力	2.98	55.3
6	公司为员工提供公司内部发展晋升机会	2.43	47.1
7	公司采取新措施前会听取员工的意见	2.45	48.7
8	公司福利待遇好，经常关心员工生活状况	2.53	37.5
9	工作中人际关系状况很好	2.41	30.7
10	即使工作后，也有时间做自己喜欢的事情	2.76	49.6
11	能够很好地把握生活和工作之间的平衡	2.62	43.2

在员工绩效管理方面，一半以上的员工认为，山西移动公司所采用的考核标准以及考核的内容，存在严重的问题，考核不够全面、合理，又因为考核的结果往往和员工的薪酬福利等直接关联，因此大多数员工怨声载道，工作热情下降，工作效率不高，在一定程度上也增加了员工的离职倾向。

在员工个人成长、发展方面，有 55.3% 的员工都认为在工作中能充分地展示和发挥自己的才能，自己为公司发展做出了一定的努力，同时新生代员工对于成长的需求相对较高，对薪酬福利的要求也较高。仍有 60% 的员工认为公司并没有重视个人发展，目前的业绩同岗位晋升之间的关联不密切，员工参加培训的积极性并不高。

在参与管理方面，山西移动公司的权利比较集中，实施项目的过程中员工无法参与到管理中去，个人能力无法发挥，造成员工较大的心理压力。同时公司管理过程中管理者同员工之间的沟通和交流比较少，员工获取信息不及时。调查问卷结果显示，公司内部有五成以上员工对企业的短期目标和长期目标知之甚少，造成员工归属感较低，不愿全身心地投入工作，容易产生离职倾向。

在福利项目方面，仅有 37.5% 的员工感到满意。通过访谈，我们得知，山西移动公司除了按照国家相关规定为每位员工购买五险一金之外，并没有其他的福利项目，即使有也相对较少，导致员工心理落差较大。

在工作与生活平衡方面，由于山西移动公司的快速发展，传统的企业管理体系已经远远不能满足员工的需求，需要进一步完善和改进，传统的技术也同经济的发展脱节，并且新的市场急需开拓，老客户的维护和新客户的挖掘也需要同步进行，但是员工的总量却并没有增加，导致了人均工作量的提升，使工作占据了员工更多的时间，造成工作与生活之间时间分配的失衡，从而降低了员工的幸福感。

6.4 山西移动公司新生代员工离职倾向的结构方程分析

6.4.1 结构方程简介

结构方程模型是统计分析方法中一个新发展的领域，它的应用始见于 20 世纪 60 年代发表的研究论文中，到了 90 年代初期开始广泛应用于心理学、经济学、社会学、行为科学等领域的研究。实际上，它是计量经济学、计量社会学与计量心理学等领域的统计分析方法的综合。

当今，在社会科学领域的研究中，很多研究涉及的概念或者变量都不能准确而直接地测量，如个人成就感、企业的品牌意识、某一观念的社会认同感等。显然，如果直接将这些变量设定为自变量或因变量予以回归，在实际拟合上不具备可造作性。结构方程可以在一定程度上解决这一问题。虽然结构方程的核心思想也是为难以直接测量的潜变量设定观测变量，进而用这些可以观测、可以统计操作的观察变量之间的关系来间接体现潜变量之间的关系，但是在统计假设、模型设置等方面，结构方程模型则大大改善了模型限制，而且用较为直观的路径图显示了各个主要变量之间的相互影响关系和影响系数。员工的离职倾向模型是一个多方程的因果关系系统。因此，用结构方程模型来研究员工的离职倾向是可行的。

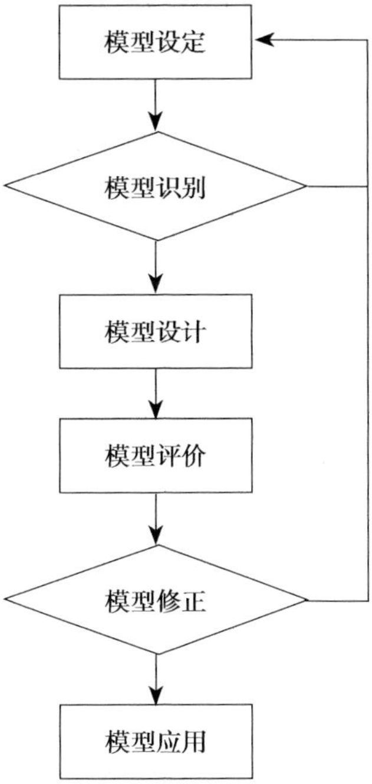

图 6.1 结构方程模型构建流程

应用结构方程模型分析有五个主要步骤，如图 6.1 所示，这五个步骤构成了应用结构方程模型来研究一个理论模型的基础工作。AMOS 是近年来非常流行和易用的结构方程式模型分析软件，本节将利用 AMOS 来分析山西移动公司员工离职倾向微观模型，即利用结构方程模型来对山西移动公司新生代员工离职倾向的影响因素进行实证分析，然后再对这些影响因素做出合理评价。

6.4.2　结构方程模型（SEM）的构建

1. 模型设定

对山西移动公司新生代员工幸福感及离职倾向的研究就是要通过结构方程模型，分析心理契约、幸福感与离职倾向的关系，即找出相应的不可测变量和因变量、潜变量和可测变量之间的影响系数的权重，并计算最后员工的离职倾向。本书第四章已设定了影响员工离职倾向的微观模型指标，现在将员工的幸福感作为内生潜变量、心理契约作为外生潜变量，利用 AMOS 软件构建具有隐变量和潜变量的结构方程模型，如图 6.2 所示。

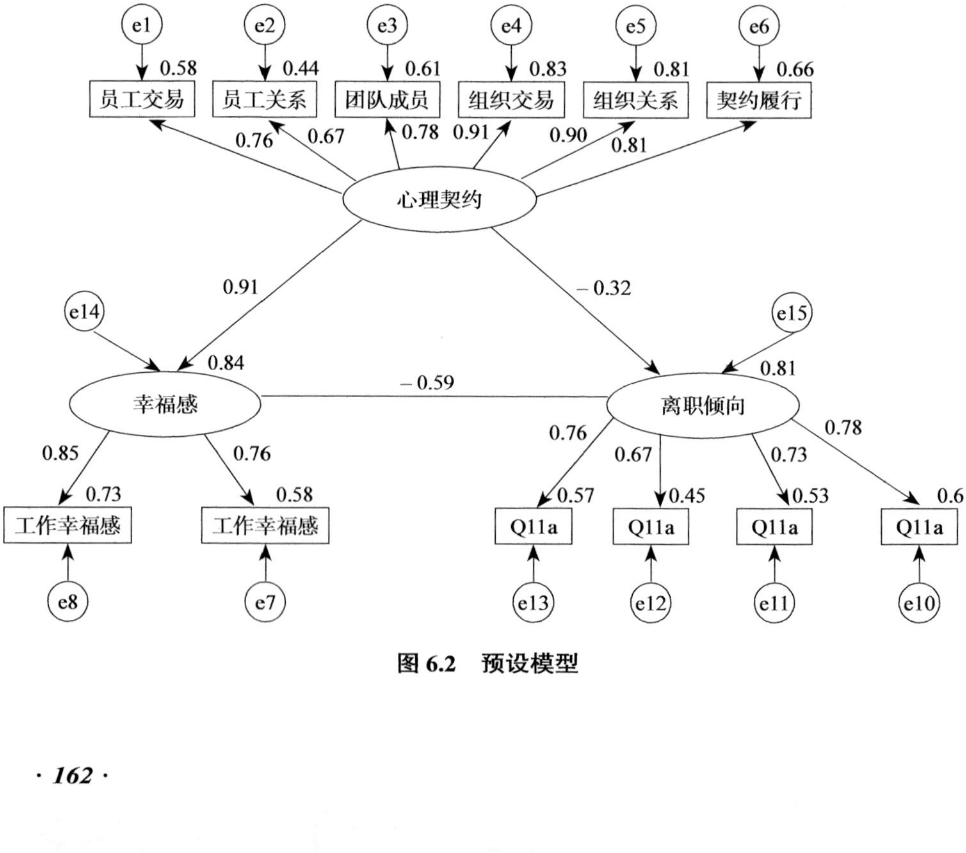

图 6.2　预设模型

2. 模型参数拟合结果

要考察模型结果中估计出的参数是否具有统计意义，需要对路径系数或载荷系数进行统计显著性检验。Amos 提供了一种简单便捷的方法，即 CR（Critical Ratio），同时给出了 CR 的统计检验相伴概率 p，使用者可以根据 p 值进行路径系数或载荷系数的统计显著性检验。本书的路径图在 AMOS 中绘制完毕后，使用最大似然估计法进行运算，参数估计的结果如表 6.3 所示。

表 6.3　参数估计结果

模型路径			Estimate	S. E.	C. R.	*p*	Label
幸福感	←	心理契约	0.91	0.154	4.985	***	par_11
离职倾向	←	心理契约	–0.32	0.168	–5.832	***	par_10
离职倾向	←	幸福感	–0.59	0.096	–3.401	***	par_12
员工交易	←	心理契约	0.76				
员工关系	←	心理契约	0.67	0.140	9.347	***	par_1
团队成员	←	心理契约	0.78	0.136	9.230	***	par_2
组织交易	←	心理契约	0.91	0.135	9.708	***	par_3
组织关系	←	心理契约	0.90	0.151	8.246	***	par_4
契约履行	←	心理契约	0.81	0.139	8.431	***	par_5
工作—生活平衡幸福感	←	幸福感	0.76				
工作幸福感	←	幸福感	0.85	0.081	9.755	***	par_6
Q11d	←	离职倾向	0.76				
Q11c	←	离职倾向	0.67	0.115	8.447	***	par_7
Q11b	←	离职倾向	0.73	0.105	8.608	***	par_8
Q11a	←	离职倾向	0.78	0.101	9.701	***	par_9

注：*** 表示在 0.001 水平上显著。

表 6.3 中，心理契约潜变量对幸福感潜变量的路径系数（第一行）为 0.91，其 CR 值为 4.985，相应的 p 值小于 0.05，则可以认为这个路径系数在 95% 的置信度下与 0 存在显著性差异。同时其他潜变量之间的 p 值均小于 0.05，即其他潜变量之间的路径系数均显著，这显然与理论意义相符合。

3. 模型拟合评价

模型拟合指数是考察理论结构模型对数据拟合程度的统计指标。不同类别的模型拟合指数可以从模型复杂性、样本大小、相对性与绝对性等方面对理论模型进行度量。Amos 提供了多种模型拟合指数（如表 6.4 所示）来评价模型拟合效果。

表 6.4　常用拟合指数评价指标

指数名称		评价标准
绝对拟合指数	GFI	大于 0.9
	RMR	小于 0.05，越小越好
	SRMR	小于 0.05，越小越好
	RMSEA	小于 0.08，越小越好
相对拟合指数	NFI	大于 0.9，越接近 1 越好
	TLI	大于 0.9，越接近 1 越好
	CFI	大于 0.9，越接近 1 越好
信息指数	AIC	越小越好
	CAIC	越小越好

本书模型的拟合指数计算结果如表 6.5 所示，在绝对拟合指标值中，RMR 低于 0.05，RMSEA 也低于 0.08；在相对拟合指标中，NFI、TLI 都大于 0.9；

在拟合的替代性指标中，CFI 虽然未超过 0.9，但大于 0.8，表明模型拟合可以接受。因此，综合各类评价指标，各项拟合指数均非常理想，可以认为该模型的拟合效果良好，故不需要对预设模型进行修改，所以图 6.2 的预设模型即为最优模型。

表 6.5　常用拟合指数计算结果

指标名称	GFI	RMR	RMSEA	NFI	TLI	CFI
结果	0.882	0.031	0.07	0.916	0.956	0.965

6.4.3　模型解释

结构方程模型中有两个主要组成部分：测量模型和结构模型。通过前面的路径图和矩阵方程可以来设定测量模型和结构模型中所涉及的各种关系。

1. 对测量模型的解释

测量模型是采用观测变量来构建潜变量，潜变量和观测变量之间的关系构成了整个概念模型的内涵。这一模型的检验过程实际就是验证性因子分析过程。潜变量对于观测变量的负载作用，通过潜变量指向观测变量的单向箭头表示，这种单向的箭头也可以理解为观测变量的存在是受到了潜变量的影响。AMOS 给出了因子载荷矩阵的系数，表示某要素增加一单位，它所对应的影响要素的增加单位数。通过因子载荷矩阵获得的观测变量对潜变量的影响系数，可以得出可观测变量对潜变量的影响大小。

（1）心理契约。

心理契约受到六个因素的影响，分别是员工交易、员工关系、团队成员、组织交易、组织关系、契约履行。分析得到的心理契约的因子载荷矩阵见表 6.6。

表 6.6　心理契约因子载荷矩阵

	员工交易	员工关系	团队成员	组织交易	组织关系	契约履行
心理契约	0.041	0.172	0.088	0.073	0.196	0.101

从心理契约的因子载荷矩阵系数（见表 6.6）可得知，对心理契约影响较大的因素是组织关系和员工关系，即关系型契约对心理契约的影响较大，这与描述性分析的结论相一致。因此山西移动公司需要在关系型契约方面多下功夫，树立企业精神，培育企业文化，营造员工归属感，以企业文化为指导，强化对企业员工的思想教育，把个人思想和企业的发展结合起来，增强员工的专业能力以及职业技能，挖掘员工的潜在能力，提高员工在工作中的积极性，降低员工的离职倾向。

（2）幸福感。

幸福感受到两个要素的影响，分别是工作幸福感、工作—生活平衡幸福感。分析得到的幸福感的因子载荷矩阵见表 6.7。

表 6.7　幸福感因子载荷矩阵

	工作幸福感	工作—生活平衡幸福感
幸福感	0.136	0.229

从幸福感因子载荷矩阵系数（见表 6.7）可以得知，对幸福感影响最大的因素是工作—生活平衡幸福感，即员工在对幸福感的感知过程中往往最重视的是工作—生活平衡幸福感。载荷系数显示，如果工作—生活平衡幸福感每增加 1 个单位，则员工对幸福感的好感会增加 0.229。所以企业不仅要关心员工的工作状况、生活状况，还要兼顾两者之间的平衡，以情感提高员工幸福感。企业可以适当组织企业旅游，让员工一起放松共享欢乐时光；对于体检、商业保险等关于健康的保障计划，企业在考虑员工的同时，也可以为他们的家属争取一定的优惠，努力为员工营造一个良好的工作生活环境，解决其后顾之忧，让员工体会到企业的亲情关怀，提升员工的幸福感，激发员工的积极性，让企业得到更强的凝聚力。

（3）离职倾向。

离职倾向主要由 4 个题项（见附录中的调查问卷）来衡量。分析得到的离职倾向的因子载荷矩阵见表 6.8。

表 6.8　离职倾向因子载荷矩阵

	Q11a	Q11b	Q11c	Q11d
离职倾向	0.178	0.132	0.117	0.177

从离职倾向的因子载荷矩阵系数（见表 6.8）可以得知，对离职倾向影响最大的题项是 Q11a，即员工是否经常想辞去现在的工作。这说明员工是否真正离职取决于企业的各种福利待遇是否让员工产生辞职想法。员工是企业业绩的创造者，企业发展的推进者。企业应该以员工为中心，经常对员工的需求进行分析，为员工提供优厚的薪资、制定公正的绩效考核制度、提供良好的工作环境、建立长久的人才成长规划等，只有让员工感受到公司的福利待遇良好，工作开心，

才能提高员工的幸福感，从而降低企业的离职率。

2. 对结构模型的解释

在结构方程中，结构模型主要用于处理潜变量之间的线性关系。外生潜变量可以直接影响内生潜变量，也可以通过对其他外生潜变量的影响来间接影响内生潜变量。外生潜变量对内生潜变量的直接影响叫作直接效应，而通过其他潜变量来间接影响内生潜变量的效应叫作间接效应。变量效应的测算能够帮助企业从诸多可控因素中迅速决定重要因素，从而通过采取最直接、有效的措施，降低员工的离职倾向。

（1）直接效应。

直接效应指由外生潜变量到内生潜变量的直接影响，用外生潜变量到内生潜变量的路径系数来衡量直接效应。外生潜变量和内生潜变量之间的路径关系见表 6.9。

表 6.9　外生潜变量对内生潜变量的直接效应

模型路径			Estimate	S.E.	C.R.	P	Label
幸福感	←	心理契约	0.50	0.154	4.985	***	par_11
离职倾向	←	心理契约	–0.60	0.168	–5.832	***	par_10

注：*** 表示在 0.001 水平上显著。

从表 6.9 可知，心理契约对幸福感、离职倾向均有直接影响并且通过了统计检验。心理契约对幸福感有一定的影响，心理契约对幸福感的直接效应是 0.50，这说明员工在工作时会从组织行为或同事交往中增强自身的满足感，提升自己的幸福感。心理契约到离职倾向的未标准化路径系数是 –0.60，则心理契约到离职倾向的直接效应是–0.60。这说明当其他条件不变时，“心理契约”每提升 1 个单位，“离职倾向”将直接降低 0.6 个单位。

（2）间接效应。

间接效应指外生潜变量通过影响一个或者多个中介变量，对内生潜变量的间接影响。当只有一个中介变量时，间接效应的大小是两个路径系数的乘积。根据 AMOS 给出的分析结果，只有心理契约与离职倾向之间存在间接效应，如表 6.10 所示。

表 6.10　潜变量之间存在的间接效应

	Q11a	Q11b	Q11c	Q11d
幸福感	–0.366	–0.364	–0.455	–0.441

这些间接效应都是外生潜变量对内生潜变量所对应的可测变量的影响效应。需要关注的是幸福感对离职倾向的各个测量题项均存在间接效应，与实证部分得出的幸福感具有中介作用的结果相契合。幸福感对 Q11c 即现在工作是为了有机会找到一份更好的工作的影响最大，这说企业要想留住员工，就要有较好的工资待遇，最起码要和同行业持平。其次是 Q11d 即继续留在这里工作，员工的发展前景不乐观，这说明当下的员工比较重视个人的未来发展前景，与描述性分析的结论相符合。对此，企业应建立合理、规范、有竞争力的职业晋升路径，向员工展示他们未来可能发展的空间，明确实现该发展路径所应具备的能力和条件，为员工提供一个可以展现自己能力的平台，从而使员工感受到组织的支持与认同。由此更证明了前面的结论，山西移动公司员工的心理契约对离职倾向的影响是多方面的。

以上分析结果给我们的启示是降低员工的离职倾向仅仅从心理契约出发是不够的，还需要通过提高员工的幸福感来实现此目标。企业和员工之间是相互依存的关系，他们之间相互需要，共同进步，不能仅仅依靠钱财来建立雇佣关系，更需要以企业文化、组织关怀等非物质因素建立更加稳定的合作关系。而新生代员工也更重视组织提供的福利待遇、好的发展机遇，看重组织提供的支持是否公平，因此山西移动公司应该在关系型心理契约方面多下功夫，从而满足新生代员工的需求，为企业的战略发展留住人才。

6.5　本章小结

本章通过结构方程对山西移动公司新生代员工工作幸福感及离职意向进行研究分析。研究表明，心理契约对幸福感、离职倾向均有直接影响并且心理契约通过幸福感对离职倾向产生重要作用。心理契约对幸福感的直接效应是 0.50，这说明员工在工作时会从组织行为或同事交往中增强自身的满足感，提升自己的幸福感。心理契约到离职倾向的未标准化路径系数是 –0.60，则心理契约对离职倾向的直接效应是 –0.60。这说明当其他条件不变时，“心理契约”每提升 1 个单位，“离职倾向”将直接降低 0.6 个单位。此外，根据 AMOS 给出的分析结果可知，只有在心理契约与离职倾向之间存在间接效应，需要关注的是幸福感对离职倾向的各个测量题项均存在间接效应，与实证部分得出的幸福感具有中介作用的结果相契合。由此证明了前面的结论，山西移动公司员工的心理契约对离职倾向的影响是多方面的。

第七章　新生代员工幸福感的提升及离职防范对策建议

在市场经济竞争日益激烈的当今社会，企业的竞争在很大程度上就是人才的竞争，企业要想在竞争中保持优势，必须利用和发挥好人才的价值。人的管理是企业发展的内在动力，职业幸福感是影响员工离职倾向的重要因素，而员工的不断流失必然会对企业的稳定和发展带来严重的损失。面对公司发展主力的职场新生代员工，需要找准员工和企业之间的契合点，把员工更好地团结在一起，从而提升员工归属感，减少人员流失，保障企业的稳定可持续发展。基于此，本章提出加强企业以人为本的管理，提升员工幸福感并有效防范离职，加强组织与员工关系型心理契约的建立等对策建议。

7.1 塑造员工认同的企业文化，实现人企相互融合

7.1.1 塑造员工认同的企业文化

新的世纪是经济的世纪，也是文化的世纪，谋求发展是企业文化的根基，只有优秀的员工才能使企业取得更大的发展，同样，只有不断发展的企业才能够挽留住员工。

企业文化是在企业中形成的为企业成员所共同接受并认可的文化观念、历史传统、价值观念、道德规范、行为准则等的综合。企业的文化实际上体现了企业的制度安排以及经营战略选择对人的价值理念的要求。营造良好的企业文化，就是把管理的重心放在人这个基础之上，坚持把“以人为本”的思想贯彻到企业文化建设中去，要做到尊重员工、理解员工、关心员工、爱护员工，最大限度地调动员工的积极性，用一种共同的价值观和温馨和谐的文化氛围把全体员工凝聚在一起，充分调动广大员工的积极性，创造性，鼓舞员工士气，培育员工技能，构筑企业文化，凝聚企业精神，塑造企业形象，使企业在积极进取的动态发展中保持稳定是企业与时俱进、不断创新、迎接挑战的正确选择。这些文化理念在特定的历史时期都发挥了它应有的魅力，凝聚了人心，鼓舞了士气，但随着社会的发展以及企业体制改革的进一步深化，现有的企业文化已不能满足企业快速发展的需要，因此，构筑、培育、提炼先进的、内涵更为丰富的企业文化，是企业与时俱进，不断创新的必然选择。

1. 企业家才能的推动

企业家才能包括企业家的创新精神、经营管理能力、对于市场的把握程度还有出色的学习能力和应变意识等。在企业文化的创立阶段，企业家是企业文化的奠基人。通常情况下，一种企业文化是由企业家首先提出并加以启动的，企业家奠定了企业文化的根基。企业领导者必须是企业文化的身体力行者，是企业文化更新和转换的积极推动者。企业文化不可能在短期内就获得成果，它需要企业领导者的推动和身体力行，通过各种传播方式让员工了解企业认可的是怎样的企业哲学，哪些行为可以接受，哪些行为不可以接受，从而要求全体员工在这种企业哲学的指导下形成统一的思考模式。企业成员只有在个人价值观的基础上，接受企业整体价值观并将其化为自己的行为准则，企业文化才得以发挥作用。在初始阶段，企业家的远见卓识、核心价值观与目标追求，决定了企业的发展走向。企业家处在企业的最高领导层，因而在企业文化建设中居于核心地位，发挥着主导作用。就企业文化建设的主导作用定位而言，企业文化在一定意义上就是企业家的文化。企业家拥有法律赋予的管理企业的特定权力，但如果单凭这种权力进行领导，起到的作用只是被动的、阶段性的，要想使主动地、长效地、心甘情愿地为企业效力，则应该充分发挥企业家的榜样示范作用，这就需要企业家运用自己丰富的知识、高超的能力、精干的作风以身作则，从而持久地影响和带动员工，让员工在领导者的“人格化坐标”中找准自己的方位，实现其人生价值。企业家必须要拥有超前的应变意识和能力，这种应变不仅在于物化形态上，使企业的产品、服务以及经销等适应随时变化的经济环境；更在于以敏锐的眼光洞察社会文化和价值观念的变化，并采取相应措施调整企业文化的内容，使之适应社会变化的要求，使其保障企业文化的功能得以正常甚至超常发挥。所以，企业家才能是企业发展的重要的动力因素。近年来，随着社会进步以及企业家自身素质的提高，企业家产学研协同创新的意识大大增强，这对于提升企业员工协同的积极性有一定的现实意义。

2. 企业文化的培育

企业文化是企业在长期生产经营、建设发展过程中形成的管理思想、管理理论、管理方式、群体意识以及与之相适应的思维方式和行为规范的总和。企业文化是一个企业的灵魂，企业文化的形成是企业宝贵的精神财富。拥有优秀的企业文化可以增强企业的凝聚力，提高企业的吸引力，为员工提供强大的精神动力，还能促进企业管理，促进企业又好又快的发展。所以企业文化必须与企业自身发展的目标相适应。一般来说，企业家对科技创新的渴望以及创新带来的良好反馈带动了企业创新文化的发展，而创新文化是与创新能力有着直接联系的文化模式。积极创新的企业文化的培育将创新观根植于企业的每个角落，使员工认识到技术创新的重要性和必要性，激发员工的创新精神。创新文化的培育提升了员工的创新意识，增加了员工对创新的激情，进而提高了企业技术创新的能力，为企业健康快速的发展奠定了良好的基础。

3. 员工对企业认同感的培养

认同往往是一个互动的过程，要找到提高员工对企业认同感的方法，首先企业要认同员工，要坚持“以人为本”的管理宗旨。这首先是要把员工视为企业的内部顾客，同样实施客户满意战略，最基本的是尊重、理解和关心。所谓尊重员工，主要是指企业要尊重员工的人格和尊严，诚恳地对待员工，按照公开、公平、公正的原则，实事求是地处理员工的合理诉求。在现实生活中，员工不可避免地会遇到各种实际问题，企业在可能的情况下，应该设身处地地为员工着想，体谅他们的难处，积极帮助员工解决工作上和生活上的困难，为员工办实事、做好事，这是一个很好的提高员工对企业认同感的方法。

被员工认同的、具有吸引力和激励性的企业文化体系，特别是能够体现企业特质的企业文化，它能对员工产生强大的吸引力和凝聚力，使员工在发展目标和价值观方面实现真正的融合，提升员工的工作满意度，培养员工的认同感和归属感。而企业要提升员工的幸福感就必须坚持尊重人才，为新生代员工提供能够更好地发挥自身特点的企业文化环境，提高员工的组织承诺，充分调动员工的积极性。提高员工对企业认同感首先要明确企业文化的核心是企业的价值观，因此，员工对企业的认同最根本的应该是价值观的认同。由于员工和企业各自在社会中承担的义务不同，员工与企业在资产关系上的不同，要让员工的价值观完全等同于企业的价值观是不可能的。但是由于企业和员工之间的本质联系，员工的价值观和企业的价值观必然有许多重要的互相交汇的共同点，因此，培育员工对企业的认同感，重要的是要寻找并放大员工价值观和企业价值观的共同点。比如，强化员工与企业利益共同体、事业共同体和命运共同体的观点等都能够较为有效地提高员工对企业的认同感，只有这样，企业文化建设才能沿着健康的轨道发展。

4. 强化员工的企业使命感

提高员工对企业的认同感是企业文化建设的最终目的，即通过培育企业精神和企业价值观，不断增强企业的凝聚力，从而打造一个昂扬向上的团队，完成企业的使命。企业要注重在行为意识导向、内部工作规范、外部形象展示等方面加大团队精神培育的力度；注重给每项工作或每项活动都赋予特定的文化内涵，使广大员工不同程度地陶冶了情操，坚定了价值观念，增强了团队荣誉感。

7.1.2 增强对员工的人文关怀和心理疏导

新生代员工是中国改革开放的“完整产儿”，是中国计划生育政策下催生的新一代。这个群体多为独生子女，一出生便搭上了现代化的高速列车，他们享受到物质文明的成果，对企业和商业社会有了较早地认识。而互联网快速普及则让这一代接触到了大量的来自于不同社会的文化和知识。同时，他们也遇到了许多父辈年轻时不曾遇到的新问题，譬如社会流动加剧、结构转型、分化明显、多元文化冲突，等等。这种特殊的时代背景造就了他们与其他时代的人在性格特点、价值观、人生观等方面的诸多不同。所以，企业的各级管理人员应当为新生代员工提供工作指导和帮助，关注其工作需求和期望，对他们工作中产生的问题和疑虑给予及时的解决和消除，对其提出的问题和建议给予充分的重视和关注。同时，应当构建高层和基层直接沟通渠道和集体沟通决策机制，让新生代员工拥有更多的展现自我、参与企业管理的机会。通过营造平等、自由、参与式的企业工作氛围，让新生代员工以企业一员的身份参与到企业日常的运作和管理之中，提高员工的归属感和忠诚度，减少新生代员工离职行为的发生。

1. 要充分尊重新生代员工的个性

新生代员工多为独生子女，从小就缺乏合作意识的培养。他们常常以自我为中心，自尊心及他人认可意识强。面对问题时，传统的员工可能会同领导者或者管理层对峙、争吵，希望通过激烈或者温和的方式同领导者取得沟通；而新生代员工出于自我意识高涨，通常采取“懒得理你”“你根本就不懂”等无所谓的态度。所以，领导干部或老员工在做新员工思想政治工作时，不要表现出居高临下的姿态，不要表现出企业元老的优越感，要尽量以平等的姿态与新生代员工进行充分的沟通和交流。特别是在新生代员工培训或其他对话活动中，通过与其进行平等交流、协商，显示密切合作、共同开创前景的意愿，增强新生代员工对组织的参与感和认同感。企业还要重视虚心向新生代员工学习，采纳合理建议，以达到企业与员工的共同成长。此外，公司应尊重年轻人的感受，向他们收集合理化建议，力求通过他们的新视角发现问题，找准症结所在并加以改进。通过这些工作，员工获得了强烈的被认同感，激发了极大的工作热情，在岗位上适应都比较快。

2. 要切实关心新员工成长，少搞虚浮的说教

尊重领导、尊重权威是职场中的一种传统文化和规则。然而，这些文化却被新生代员工嗤之以鼻。比如领导说请员工吃饭，传统员工肯定不会真的让领导去买单，而新生代员工却不管这些，领导让点菜，新生代员工会完全根据自己的喜好点菜，而不顾及菜的贵贱以及最后买单的问题。此外，因为信息不充分、经验不足等原因，新生代员工融入组织和适应工作都会存在一

定困难，应通过岗前培训、传帮教带等方式，帮助其提高工作技能，熟悉组织人际关系，使其尽快适应工作岗位需要，保护其自信和工作热情。据部分新生代员工反映，他们离职的主要原因大多是因为觉得职业没前途，或与同事、上级关系处理得不好。有已经辞职的新生代员工说，自己在部门中是干活最多、最辛苦的一个，但是部门领导却很少肯定自己的工作，反而在绩效评价时，不加说明地给予一个较低的分数，使绩效奖金分配明显不公。个别正在考虑是否辞职的员工也说，在领导眼里，自己就是一个干活的机器。显然，在企业改革的紧张氛围中，一些领导干部忽视员工感受，对新生代员工没有足够关心，是员工离职的重要原因。

3. 要注重满足新生代员工的心理需求

一般地，90 后员工对挑战性与趣味性有着较高的心理需求，而挑战性和趣味性来源于员工对客观工作特性的感知。所以，领导者要真正了解新生代员工的需要，并且有一颗包容理解的心。针对不同类型的员工特点，制定不同的管理策略，让员工参与管理，体会到管理的乐趣，并且搭建无障碍沟通平台，找准企业和员工价值观的契合点，利用企业文化这种“黏合剂”把员工紧紧地团结在一起。此外，企业还要更多地考虑如何从不同角度来满足新生代员工对挑战性和趣味性的心理需求。尤其是 90 后新生代，当他们的心理需求得到满足后，他们的幸福感便会增强，离职倾向也就自然降低。总之，新生代员工带给管理者的是“惊喜”与“惊叹”并存，企业对新生代员工应该给予更多的理解、宽容、支持和信任。从他们多样化的需求出发，给出相应的管理和激励策略，善用其长而避其短，最终实现组织与新生代员工的共赢。

4. 要不断创新工作方式方法

由于成长环境因素影响，新生代员工常常以自我为中心，自尊心及他人认可意识很强。新生代多数受到很好的教育，学历较高，比较自信，一进单位就想身居要职，施展才华，但他们不能很好地了解社会，对自己走入社会的情况估计过于乐观，造成他们的自信有时表现为自大、夸夸其谈，给人一种眼高手低的印象。基于新生代员工的个性特征，企业要积极开展谈心交心、一对一帮教，争当员工“贴心人”，不断寻求与员工进行沟通交流的方式。沟通的方式主要有谈心交心和一对一，其中谈心交心的内容包括工作与生活、家庭状况等方面；一对一帮教主要针对技能知识短缺和安全意识淡薄的员工，通过了解员工近期生产生活状态及工作中遇到的困难，通过对不同的员工、不同的情况，进行不同方式的心理疏导，用不同的方式进行沟通，解决员工实际存在的困难，提高员工的满意度。此外，企业还应通过建立约束机制和学习、管理、监督等制度，规范职工行为，营造有利于职工心理健康的集体氛围。要把心理疏导与经常性思想工作结合起来，把员工心理疏导工作纳入思想政治工作的总体部署，使心理教育与思想教育有机结合，使新生代员工始终保持积极乐观、健康向上的精神状态，全身心投入到工作中。

7.1.3　创建良好的工作环境

所谓“环境留人”，良好的工作环境是新生代员工的核心职业诉求之一，在良好的环境中人们会感到生活充满阳光、多姿多彩、生活态度积极向上、充满自信、干劲十足。现代社会逐渐由精神导向演变成物质导向，强调功利，看重眼前利益，追求物质享受，在这种环境下成长起来的新生代员工，更加注重实际，而对理想、信念不太看重。他们的价值取向在思维策略、感情表达和心理需求等方面呈多元化的特点。调查显示，新生代员工在追求金钱满足的同时更加注重自身权益、工作环境，乃至个人心情的满足。基于此，企业应当考虑新生代员工对工作强度的承受能力，在设定合理工作强度的前提下，通过培训、指导、提高技术投入等方式提高员工工作效率，在保证工作产出的同时，降低员工的工作强度。另一方面，优越的成长环境也使得新生代员工对工作环境格外挑剔。工作环境的硬件条件是重要的，工作环境中的人文环境和工作氛围也是不可忽视的，企业不仅应当尽量改善工作的硬环境和支持环境，同时也应当注重管理、规章制度等软环境的构建。比如，对于一些创新性、研发性岗位，弹性化、宽松化的管理可能会更有效。某些传统企业管理制度中不能容许的工作行为，如果可以很好地放松或缓解工作压力、提高工作热情，管理者可适当放松约束，给予员工一定的工作自由。通过设定合理的工作强度和提供良好的软硬工作环境，在保证新生代员工工作绩效的同时，提高新生代员工的工作满意度。

良好的工作氛围有助于增强内部的人际融洽度，形成巨大的心理效应，有效地提高员工工作绩效和团队合作能力，增强新生代员工的企业忠诚度和归属感。培养和谐的情感环境，处理好工作中的人际关系，加强内部双向沟通体制的建立，增进内部新生代员工之间的交流，提升团队之间的合作能力，保持内部知识和信息的传递和共享，这使新生代员工能够在一个高效、轻松的环境下开展工作。同时组织应当给予新生代员工更多关怀，让新生代员工充分感受到企业的尊重和关怀，提高对上司的信任度，提升新生代员工在企业的存在感和归属感。相反，缺乏关怀的工作氛围和紧张的人际关系，会使新生代员工感到心情压抑，缺乏工作热情，这必然会影响到新生代员工的工作感受。

现代人不仅要求高品质的物质生活，更需要高品位的精神生活。因此，企业良好的人文环境对于员工的成长发展是非常重要的。现代企业在市场环境中的竞争越来越激烈，在激烈的市场竞争中，企业要永远立于不败之地，关键要素就是要看企业是否具有超强的创造力，其具体表现就是企业文化的先导性、人才的群体性、创新的持续性和运行的经济性。而要达到上述“四性”，持之以恒营造良好的人文环境是基础、是保障。在一个区域或一个组织之中，人与人、团队与团队以及人与客观自然都有一种特定的关系。一个充满竞争活力的企业人文环境是一种“健康、民主、科学、充满激情”的环境。企业具有了这样的良好人文环境，它对人才的脱颖而出，对先进文化的培育形成，对一流效益的取得都是至关重要的。

员工流失与企业人文环境密切相连，如果一个企业的人文环境不够良好健康，那么这将严重阻碍企业的发展。试想，假如一个企业像一盘散沙一样，人与人之间冷漠无情，部门与部门之间制衡相抗，每个人都在为自己所谓的目标而不是企业的最终目标而努力，没有团队意识，更不会与任何人合作，每个人、每个部门都是单打独斗，没有合力，这样的人文环境一旦形成，那所有的工作最后都是支离破碎的。只有树立企业与员工是合作伙伴的理念，才是真正肯定了员工在企业中的主人翁地位，从而让员工感受到企业的认可与尊重，对员工产生持久的激励效应。因此，企业应当充分授权，给员工以充分发挥的空间。这样不仅可以训练员工处理问题的应变能力，而且可以将员工的创意潜能激发出来，同时也是对员工信赖的表现，这种做法会使员工感受到企业的尊重与重视，有助于建立企业内的信赖关系。完善企业合理化建议是一种较为成熟和规范化的企业内部沟通制度。

此外，企业还要努力满足了员工的成就感，促进了员工的使命感，增强了企业的整体凝聚力。营造一个充分沟通、信息知识共享的环境。随着社会的发展，企业内部沟通方法和手段也有很大的发展，可以充分利用黑板报、企业内部报纸杂志、内部电视网络、内联网等多种传媒，采用座谈、会议、电话交谈等多种方法，使员工公众能方便地了解到各种所需的信息与知识。最后，除了物质福利，企业还应考虑给新生代提供心灵福利。比如，利用传统佳节举办丰富多彩的文化活动以及趣味运动会，开展 K 歌、舞蹈、演讲、辩论等活动或者比赛，等等。这样不仅可以让员工在工作之余充分放松身心，还有利于他们更好地融入企业，在轻松亲切的氛围中对企业文化产生更为深刻的认同感。

7.1.4 建立健全人力资源支持体系

“发展是第一要务，人才是第一资源，创新是第一动力。”目前，全球经济进入大发展大变革大调整的跨越期，世界范围内的经济社会发展格局正在发生深刻变革，创新创业成为经济社会发展的主要驱动力。人力资源是企业发展的根本，尤其是“高精尖”人才的培养，这是第一重要资源。企业既需要了解科学技术前沿的人才，又需要了解专业技术的人才。因此，企业需要强化人才队伍，确立人才发展战略，建立人才引进及任用的激励机制，完善人才培养模式，构筑人才评价体系及优化创新人才。

1. 企业要树立依靠科技进步和提升人力资源的意识，积极主动地与高校进行深度合作与融合

这里所说的人力资源开发，主要是对企业内部现有人力资源进行系统开发与培养，从素质和质量上满足战略发展需求。可以采取企业的优秀骨干通过到高校兼职等方式，开设技术培训课程或实践课程，加强企业与高校之间的信息互通，促进人员的交流，促进彼此的合作。因此，企业应建立和健全支持创新的科学培训体系。根据企业战略发展需要，结合员工的个人发展计划，注重创新能力的培养，把理论培训和实际操作结合起来，把课堂学习和拓展学习结合起来，把团队学习和个人学习结合起来，在企业中营造浓厚的学习氛围，促进员工相互学习共同进步，从战略和制度上保证科技人才特别是高素质的学术和技术带头人的引进和培养，确保能为企业源源不断地输送所需各种类型的人才。企业应注重“蓝领专家”的培养和留用，可以根据人力资源市场供求和自身经营状况，合理确定薪酬待遇，增强岗位的吸引力和竞争力，合理制订全年用工和岗位培训计划，避免发生生产淡季大量裁员、生产旺季招不到工的现象。

2. 企业要不断优化人力资源配置

人力资源配置包括招聘和选拔、优化调整两个内容。在招聘和选拔方面，人力资源管理应建立战略导向，根据当前企业发展需求明确企业的招聘标准和程序。这就要求在招聘和选拔中，除了要关注应聘者与职位的匹配性，更要关注应聘者与企业的组织匹配性，如价值观的相符、具有创新精神和积极进取心、

能与企业共同发展等。在人力资源优化方面，首先要大力引进领军人才和人才团队，在此之前，企业应努力完善人才竞争市场，构建人才流动平台。实行科研人才分类评价，促进人才的灵活流动，在人事制度方面要有所改革，打破人事管理中固定编制的局限，根据工作任务的不同，分设不同的岗位。对不同岗位的工作任务、奖惩激励做出具体地规定，调动更多的科研人员或技术人员自愿、主动地参与到团队中。例如，实行职位调整和职位优化，企业中的高精尖人才可以定期轮换到专职科研人员岗位上实习。

3. 改进选人方式

针对新生代员工的个性特征，不同类型的企业应结合行业自身特点选择能够发挥他们优势的合适人才。就施工企业来说，工作内容单调，环境恶劣，离家偏远，且强调集体合作精神。因此在选人过程中，应尽量选择家庭环境相对差一点的员工，他们更容易适应企业环境。从地域上来说，应以本土化为主，以便于解决职工探亲等家庭问题。为了防止员工在入职后不断提出不切实际的要求，企业在招聘时不应过度美化自己的形象，而应向员工介绍公司的实际情况和福利待遇，以减少员工入职后因工作期望与实际之差造成的失落情绪。同时，企业人力资源部还应做好岗前培训，如详细介绍企业发展规划、行为规范、成长路径、安全生产、企业文化等，帮助员工尽早树立 1~3 年的工作目标，并用本单位一些前辈的成功事例激励他们，使新生代员工在入职时就保持良好的心态和斗志。

7.2　建立合理的薪酬福利体系，有效防范离职倾向

7.2.1　满足新生代员工的价值存在感

公司为员工创造价值，员工为公司创造业绩。一个成功的企业必须充分了解新生代员工的需求，掌握他们的价值取向，为他们提供与增进新生代员工价值相关的工作条件、环境和待遇等从而获得企业业绩与利润的持久增长。

“85 后”“90 后”新生代员工面临当前社会文化多元、自媒体文化发达的背景，往往通过博客、播客、微博、微信等自媒体工具来发表见解、表达心声、与他人沟通联系等，这些专业的自媒体工具虽能在一定程度上满足他们的社会存在感，但因为参与门槛低、简单易用，反而无法给予他们更多个人效能感与价值存在感的满足。而企业组织提供的岗位工作，通常需要付出一番不小的心力才能完成，成功完成工作能够使员工体会到个人效能感，提升其自信心和自尊感，为满足新生代员工的价值存在感奠定坚实基础。

企业为新生代员工提供的岗位工作，最好是有难度、有干劲、有成就感的“三有”工作，有难度，意味着必须经过一番努力才能实现目标，但难度也不宜太大，以免实现不了或屡遭失败反而徒增员工的挫败感；有干劲，意味着岗位工作或任务分配能够调动新生代员工的兴趣和激情，能够充分发挥其优势特长；有成就感，意味着经过努力取得的工作成绩能够使员工较为满意，欣赏自己的劳动成果能够产生一种愉悦的价值存在感，感觉没有虚度时光、没有荒废美好青春。

提升新生代员工的价值存在感的另一条途径就是建立学习型的组织。首先，

要想达到岗位需求，专业知识与工作技能是必不可少的。因此，组织提供的丰富的培训对新生代员工能力的提升至关重要。企业应注重以新生代员工价值为核心的管理，把有限的资源最有效地投入到开发和提升新生代员工知识和能力的培训上。特别是对重点新生代员工，企业要创造充足的培训与实践机会，以培育他们的忠诚度。只有通过努力进步，价值才会逐步提升。

研究表明，员工的满意、忠诚和奉献在给企业带来高生产率的同时，还影响甚至决定着顾客的满意度和忠诚度，并最终影响企业的盈利和发展。所以，一个优秀的企业会进行员工价值管理，通过提升员工的“价值”来提升企业的业绩。大量的研究表明，在工作本身、培训机会、薪酬、晋升机会的平等性、是否受到尊重、团队协作、公司对员工生活福利的关心程度等诸多因素中，员工最在意的是提供结果的能力，即员工为完成预期目标所具有的专业知识和实践能力，以及在这一过程中公司政策所赋予的能满足客户需要的范围和可以使用的作业支持。因此，在员工的专业知识与实践能力方面，企业应注重以员工价值为核心的管理，把有限的资源最有效地投入到开发和提升员工知识和能力的培训上。特别是对重点员工，企业要创造充足的培训与实践机会，以培育他们的忠诚度，获得他们对企业的终身价值。在满足客户权限方面，公司可对员工在一定范围内充分授权，扩大员工的服务权限，增加员工满意度。

7.2.2 激发新生代员工的价值超越感

新生代员工往往个性突出、不甘平庸、竞争意识强，企业组织在根据员工个性特点及优势特长合理为其安排岗位工作的基础上，还应多鼓励新生代员工积极参与团队良性竞争，激励他们以勇于赶超他人及超越自我的精神，持续贡献高绩效，助力团队共赢及组织发展，同时不断获得价值超越感的满足。

在现实中，企业组织并非和谐融洽，同时也充满了竞争和挑战，对高绩效人才的不懈培养和激励奠定了企业发展的人力基础。而作为企业新力量的新生代员工要明白，只有立足岗位，以良性竞争的心态、积极进取的精神和互帮互助的作风来开展工作、才能持续取得个人高绩效，才能在最大化地助力团队成功的同时，奠定个体职业成长的良好基础。所谓良性竞争即以组织核心价值观为指南、以组织发展及团队共赢为目标、以最大化发挥自身优势特长为手段的竞争方式。良性竞争是一种共赢策略，有利于团队每位个体最大化发挥自身优势和价值创造能力，最大化谋求团队成功及组织发展。良性竞争不排斥互帮互助，事实上只有组织内部及团队成员之间以互帮互助的精神，勇于破除“部门墙”、非理性沟通及过度自我防卫心理，相互提供各自所需的组织资源、技术及信息支持等，才更有助于每位个体最大化发挥自身优势特长，提升组织整体价值创造能力。从这个角度来说，互帮互助正是辨识员工之间是否是良性竞争的检验依据。正如企业文化学者埃德加·沙因所言：“企业成功的核心就在于互相帮助。”相反，恶性竞争或不良竞争则是指以自我为中心、以团队其他成员低绩效为假设前提实施不支持甚至潜在破坏策略的竞争方式。恶性竞争是一种零和博弈，即假设我要赢必然意味着他人必须输。而事实上恶性竞争只会导致双输的可能，以他人低绩效为基础的个体“高绩效”，可能也高不到哪里去，而只会在整体上降低组织总绩效和团队战斗力。

所以，企业组织应以科学合理的激励机制、互帮互助的企业文化营造良性竞争氛围，鼓励新生代员工以开阔胸怀、开放心态和互助精神履职践责，相互支持，以最大化发挥各自优势特长，助力价值创造能力不断提升，从而不断品尝到工作成绩日益彰显的价值超越感。与此同时，对于新生代员工来说，作为担负企业继往开来发展使命的青春力量，即使当前工作能力较弱、专业素养欠缺，也应持之以恒立足岗位，以专业知识学习和工作问题解决来提升工作能力、增强专业素养，不断成长为企业不可或缺的人力资本，通过工作岗位履职不断为企业组织发展做出增值及创新价值贡献。

7.2.3　提高新生代员工的薪酬福利待遇

物质的需要是马斯洛需求层次理论中人的最基础的需要，这也同样适用于新生代员工群体。组织给出的薪资既是对从业者劳动的报酬，也是对新生代员工能力的肯定，当劳动付出与经济回报成正比时，新生代员工较容易感受到工作幸福感。薪酬福利不仅包含工资，还包含节假日福利、保险公积金等，这些基础物质条件都是新生代员工十分关心的问题。

1. 建立科学合理的薪酬制度

薪酬制度是以员工劳动的熟练程度、复杂程度、责任及劳动强度为基准，按照员工实际完成的劳动定额、工作时间或劳动消耗而计付的劳动薪酬。按照付酬对象的不同，可以分为职位薪酬制、技能薪酬制、资历薪酬制。职位薪酬制下，员工薪酬收入的多少由员工所担任职位的高低或所在职位的责任大小决定；在技能薪酬制下，员工的技能和能力、专业技术水平的高低决定了薪酬收入的多少；在资历薪酬制下，员工的学历、工作年限等是决定其薪酬收入的关键。

随着经济的发展、市场环境的变化以及企业内部组织的变革，单一的薪酬制度已经远远不能满足企业的发展和激励的需要，企业的薪酬制度逐渐出现了多元化、绩效化、个性化、宽频化和激励的长期化等趋势和特点。建立科学合理的薪酬制度需要更多地从尊重员工的“能力”“愿望”“个人决策”和“自主选择”角度出发，从而能更好地创造员工个人与企业利益的“一体化”氛围。但由于薪酬会直接影响到员工的工作情绪，相关制度使用不当会造成负面影响，所以每一个公司对薪酬构建都必须慎重对待。这也是企业制定激励机制的共识。

科学合理的薪酬制度在组织对人才的招纳和留守环节起着关键作用，组织可以改变传统固定的薪酬制度，以多样化的薪资结构支付工资，即绩效与薪酬挂钩，以个人绩效为基础制定工资和以奖金、红利为利润分享建立起一种弹性薪酬制度。弹性薪酬制度就是在兼顾公平的基础上，根据员工自身能力以及价值进行分配的薪酬体系。这种灵活、新型的薪酬制度可以激发员工的主观能动性，使员工积极、热情地投入到工作中，在工作中实现自我价值，增强存在感与归属感，最终实现职业幸福感的提升。

刚刚踏入职场的新生代员工面对或轻或重的经济压力，他们有着用金钱来证明自己能力与社会地位的强烈心理愿景。因此，一个良好、与绩效挂钩的具有吸引力的合理薪酬激励体系对于他们无疑具有很强的驱动作用，物质激励的公平性能有效提高新生代员工的积极性。值得注意的是，当新生代员工对薪酬福利运行中存在的问题提出质疑时，一定要对其进行合理的说明和解释，避免他们因疑虑出现抵抗心理，产生离职等行为。

2. 创新激励手段

与基本工资、养老金、失业保险等福利待遇相比较，晋升机会、弹性化工作、培训机会对调动新生代员工的工作积极性、增强他们对企业的归属感有更强的作用。灵活新颖的激励方式对新生代员工来说也更具有吸引力和挑战性。企业在创新激励手段时，需要注意以下几点。

第一，注重薪酬福利的公平性。根据亚当斯的公平理论，新生代员工会不自觉地将自身的“收入—付出比”与企业内外部其他员工的“收入—付出比”进行比较，并据此产生公平感。这种公平感会直接影响到新生代员工的工作动机和行为。如果感觉分配不公，他们就会对工作产生不满，甚至直接导致离职行为的发生。因此，企业在设计薪酬福利体系时，必须综合考虑岗位相对价值、个人能力、工作绩效和市场薪酬水平等因素，既要考虑到薪酬福利的内部公平性；又要考虑到薪酬福利的外部公平性，既要保证薪酬福利分配结果的公平性，又要保证薪酬福利分配过程的公平性。与此同时，在设计薪酬福利体系时，要充分调查各类新生代员工的需求，同时也要兼顾各类新生代员工的利益。企业最好能鼓励新生代员工参与到薪酬福利体系的设计中来，并对薪酬福利制度的执行进行监督和反馈。

第二，适度设置奖金比例。研究表明，要想使奖金对员工产生明显的激励作用，将其控制在基本工资的10%~15%之间最有效。实践调查表明，在企业的薪酬体系中，固定工资占薪酬总额的60%时，能够起到一定的激励作用；将固定工资降低到薪酬总额的40%时，激励效果最佳；但如果固定工资继续降低至薪酬总额的40%以下时，不但没有激励作用，还有可能起到反作用。因此，适当设置奖金在整个薪酬体系中的比重，对新生代员工的来说，既能体现出企业对其工作表现的肯定程度，又能对其个人能力的发挥以及个人价值的实现起到一定推动作用。

第三，正确对待个人绩效与团队绩效。虽然绩效不能作为衡量员工个人素质、工作能力以及自身潜力的唯一标准，但是在现实中绩效通常作为决定员工是否晋升的依据，因此，绩效评价对于初中级新生代员工来说，具有一定意义。个人能力再强，如果脱离团队协作也是无法发挥的。而新生代员工的特点就是有很强的自我意识，崇尚自我，以自己为中心，缺乏团队精神，针对新生代员工这一特点，具有实质意义的绩效评价与薪酬同时也具有象征意义。因此，制定薪酬体系既要考虑个人绩效，也要重视团队绩效，强调团队协作的重要性，引导新生代员工加强团队意识，保证企业长期发展。

3. 给予员工更多的内部成长与发展机会

良好的待遇是吸引新生代知识型员工进入企业的主要因素，而在企业内部良好的发展以及满意的工作氛围则是决定员工能否在企业稳定发展的关键。对于新生代知识型员工来说，他们希望在工作过程中自己和组织能够同时获得增值。所以企业要重视其多样化以及不断变化的需求，除了良好的待遇之外，公司还应给予员工更多的内部成长与发展机会，这样才能使员工的归属感和稳定性协同实现。此外，企业必须真诚对待自己的员工，真正做到人本化管理，要像留住每一个顾客那样去认真对待自己的员工。其实，互联网时代顾客对企业的要求在一定程度上是与员工对顾客的要求是相同的，比如说员工希望能够承担更富有价值的工作，而企业正需要依赖员工完成富有价值的工作才能够更好地满足顾客的需求，同时完成企业的发展重任。所以对外关注顾客，对内经营好员工，企业必能在新的时代获得长足的发展。

7.2.4 注重新生代员工的职业生涯规划与发展

随着市场竞争的加剧，工作节奏不断加快，组织结构为适应市场的变化不断发生变革，目前新生代员工作为职场的生力军为企业的发展做出了越来越多的贡献。从外部环境分析，职业选择日益丰富化和多样化，互联网求职信息的易得性以及高新技术的快速发展使得招聘工作更为简便，这些因素皆降低了员工的离职成本。从员工个人角度来看，独立自主的性格、对个人价值的追求导致了新生代员工离职行为的频繁发生。因此，做好新生代员工的职业生涯规划具有重要的现实意义。

1. 企业在进行招聘工作时应尽量秉承实事求是的原则

新生代员工刚开始自己的职业生涯，对自己又缺乏客观准确的认识，因此急需企业为他们提供职业生涯指导甚至是职业生涯设计。为了吸引更多优秀的人才，许多企业在进行招聘工作时会刻意塑造高大的企业形象，并且在薪酬待遇和发展前景方面做出种种不切实际的承诺。待员工入职后了解到企业的真实状况就会发生心理契约的破裂，进而导致离职行为的发生。所以人力资源管理者在招聘时就应该，避免脱离实际的过度宣传。所以，企业在招聘之初，应该向员工展示相关岗位的职业发展路径以供其参考，这样也可以使得员工形成契合实际的心理契约。

同时，企业在招聘时也应坚持“最佳匹配原则”而非“最优原则”。最佳匹配是指员工的期望和诉求与组织的价值观和发展方向相符合，能够实现准确的对接，与组织共同成长。提高员工与企业、员工与岗位的匹配程度能够使员工更快地融入组织的氛围，快速适应工作环境，更可能为组织提供长期的服务，降低离职的可能性。

2. 入职后应制订明确的培训计划，协助员工进行职业生涯规划

新生代员工具有较为开阔的视野、超前的创新意识以及个人价值实现的需要，这些使得他们相较于老员工来说更加重视自身能力的提升和未来的职业发展前景。因此企业应明确发展战略，量化阶段性发展目标，通过各种途径加强与员工的沟通，了解员工的职业生涯规划，指导员工将其自身规划与企业未来发展方向结合起来，以职业生涯规划为基础为员工提供具有针对性的培训和发展机会，促进员工与企业的共同发展。

企业组织的丰富的培训对新生代员工能力的提升至关重要，它能使新生代员工直接提升工作技能，开阔眼界。因此，企业应当为新生代员工提供合理的晋升渠道，让成绩突出和工作优异者能够在职位上得到更好的发展。构建晋升机制的过程中，要保证充分的透明性，使企业职位空缺信息公布、晋升标准的制定和实施以及晋升决策流程做到公开、公平、公正。只有为新生代员工提供合理的晋升发展通道，才能让他们注重自身能力的提升和工作绩效的提高，在实现组织目标的同时保持较高的工作满意度。

一般地，员工在入职后对工作内容也需要一段时期的了解和适应，企业可以采取师傅带徒弟的方式使员工尽快适应新的环境，在专人指导的情况下

员工会快速摆脱陌生感，同时也方便组织及时掌握员工的心理状态，对员工产生的疑问进行答疑解惑，降低心理契约破裂发生的可能性。同时，企业应保障组织内部具有适当的流动性，特别是新生代员工的诉求较多，要正视其升职诉求，明确职位晋升的渠道、路线及要求，使员工对未来职业发展的方向能够心中有数，从而降低员工的离职行为。所以说，合理的规划可以帮助新生代员工快速适应新的工作环境与工作流程，帮助他们了解企业文化与组织目标。与此同时通过对职业生涯的合理规划，企业管理者可以更清楚地了解到员工人岗匹配的优势资源有哪些，从而对员工进行有针对性的职业生涯的指导，帮助新生代员工理清职业发展目标，让他们认识到未来自己需要努力的方向。

3. 为新生代员工提供工作机会和发展舞台，帮助其实现自我价值

根据马斯洛需求层次理论，人的需求是多层次的和逐层上升的，新生代员工也不例外，当较低层次需求得到满足后，就要追求职位晋升、自我实现等高层次的需求。大多数新生代员工都有着自身职业生涯规划，都希望不断获得较多的晋升以及发展机会，从而实现自身职业生涯的发展。因此，组织应当重视新生代员工这一需求，重视新生代员工的培训开发，增加新生代员工的发展机会，为他们的长远发展提供指导和帮助。新生代员工普遍有着较强的学习能力和独特的创造性思维，喜欢富有变化和挑战的工作，组织在对新生代员工进行管理时应当重视工作内容的丰富，在设定工作目标的过程中，应该在综合考虑新生代员工能力的基础上，尽量为他们提供富有挑战性的工作机会和发展舞台。此外，组织要提供足够多的晋升发展机会，让工作优异成绩突出的员工能够得

到快捷的职业发展通道，他们可以在工作中学习，然后再将新学会的技能应用于工作中。

根据激励理论，当自我需求得到满足的时候，员工对组织的忠诚度及组织承诺感就会越强，工作绩效也就会越高。所以，企业首先要设计一个合理的内部晋升制度，这等于提供了一个自我实现的广阔空间，员工的归属感、认同感也会由此产生。其次，要进行相应的培训，培训不仅能让员工紧跟时代步伐、满足工作的新要求，而且能帮助员工树立自信心，让其在不同的阶段合理设置不同的目标，这样在员工实现自我价值的同时，也为企业创造了价值。同时，企业还应帮助员工进行职业生涯的设计，因为设计职业生涯的目的在于为员工在公司中的职业发展指明方向和道路，并且提供长期而系统的培养计划和方案，满足员工成就和发展的需要。

7.3 建立良好的心理契约，减少心理契约的违背

在现代的企业管理实践中，如果企业只靠单纯的规章制度管理，根本留不住人才。企业要想降低员工离职率，就要以员工为核心，注重员工心理契约的建设。

7.3.1 建立良好的心理契约，提升人力资源管理水平

当新生代员工加入一个新的组织时，他们和企业间也建立了初步的心理契约，随着对组织的认识加深，员工的心理契约也在不断变化，企业应该适时了

解员工的心理契约状态。心理契约是一个组织和员工之间相互期望和相互信任的一种关系，这种关系不仅包括经济交换，也包括了情感交换。它虽然是组织与员工之间非正式的约定，但是在双方合作的过程中却发挥着非常重要的作用。组织如果想要降低新生代员工的离职率，除了签订纸质的合同，还需要与新生代员工之间缔结良好的心理契约，定时了解新生代员工的工作满意度和组织承诺，及时掌握新生代员工的心理，一旦发现其出现离职倾向，可提前进行干预，减少新生代员工流失。

新生代员工的自我意识以及自我价值实现的渴望都非常强烈。公司在制定管理制度时，只是高层小范围讨论决定，新制度的实施也没有太多缓冲时间，容易造成新生代员工心理上的抗拒，所以，加入员工的意见，在员工管理方面引入心理契约管理将有助于员工提高工作满意度和组织承诺，有效降低员工离职率。

按照期望理论，个人的努力程度取决于期望的满足程度，所以企业在管理过程中，应多尝试用期望理论调动下属的积极性与主动性。新生代员工期望的实现程度可以决定其积极性与忠诚度。新生代员工的心理契约的实现，从另一个角度来讲就是新生代员工的主观预期是否得到满足，如果新生代员工的期望（如工资待遇、人际关系、职业发展）实现了，其工作积极性就会提高，离职率就会降低。相反，如果新生代员工的预期没有得到满足、利益无法实现，就会出现负面情绪和消极工作行为（如消极怠工、离职）。因此，组织必须更好地了解新生代员工的心理契约，注重人才的激励和保留，降低离职率。

心理契约是员工对雇佣关系中彼此责任和义务的感知，相对于经济契约来说，心理契约具有隐含性等特点，因此心理契约的内容更加难以把握。组织应当关注员工心理契约的内容，并据此来研究员工心理契约的满足状况。员工自身的价值观、企业的政策等均会对员工的心理契约产生影响。除此之外，员工心理契约具有动态性，心理契约的内容并非一成不变的。因此，企业不容易直观地、具体地把握员工的心理契约。若想通过心理契约使得员工的态度、行为向有利于企业的方向发展，则弄清员工的心理契约是关键。

7.3.2　唤醒新生代员工的工作积极性，维护好关系型心理契约

新生代员工成长于经济快速发展、信息高度发达、思想文化日趋多元的年代。与老一代员工相比，他们思维活跃、崇尚自由、富于创新精神、自我意识极强，是一个缺点与优点都十分突出的特殊群体。对于这一群体，要想激发他们的工作积极性，维护好关系型心理契约，必须做到以下几点。

1. 尊重和重视每位员工，让新生代员工找到归属感

企业要以新生代员工为本，将组织的发展和新生代员工的发展相结合，让新生代员工在实现自我价值的同时推动组织发展，让新生代员工找到归属感。企业还要给予新生代员工充分的尊重，安排工作时做到人岗匹配，消除工作中的地位差别。对于年轻一代的知识型员工，他们重视对个人的尊重和理解，同时希望在工作中有更多的自主权利。组织管理者应能耐心倾听他们的声音。还要重视新生代员工兴趣的培养，兴趣会激发人的创造力和事业心，可以充分唤醒新生代员工的工作意义感、团体感与组织价值一致感。当新生代员工感觉到

自己对公司的价值和意义时，就会提升其对公司的忠诚度和归属感。另外，营造融洽的工作氛围能够提高团队工作能力，使信息和资源能够有效传递和共享。融洽的工作氛围能够形成员工的心理效应，有助于提高团队合作能力和工作满意度，真正维护好新生代员工的关系型心理契约。

2. 用共同目标构建凝聚力，凝聚力就是生产力

当人们为了一个属于自己的远景奋斗时，他们就有了对抗消极情绪和逆境的勇气，积极进取，一往无前。有了一致的目标，企业就可以对其成员产生强大的吸引力，才能确保企业内部个体力量与目标方向相同，避免“内耗”现象，大大提高生产效率。同时，要使员工时刻明白自己应承担的职责，工作内容与工作职责是有区别的。大多数的管理者只喜欢向下属明确工作内容，而不明确工作职责，这就容易导致员工只会把自己当作一个执行者，完成手头工作时缺乏成就感。而良好的沟通能够促动员工为自己的工作职责努力，进而能从工作价值中获得激励。因此，组织在管理过程中应积极采用团队管理和民主方式进行沟通与交流，团队成员互相合作，管理人员和上级及时给予下级工作指导和帮助，关注下级的期望与需要，形成自由互助的工作氛围和融洽的上下级关系，加强内部双向沟通机制，及时解决遇到的问题，充分尊重新生代知识型员工的自主权和创新精神，营造平等自由地参与式管理环境。

3. 用员工的主人翁意识形成“融合动力”

当员工意识到自己是企业的主人时，会密切关注企业的发展，愿意保护它，甚至愿意为它付出一切。培养新生代员工的主人翁意识，可以从以下几方面做

起：一是让员工积极参与讨论，这种做法能激励他们，能让他们感受到尊重，确认自己的价值。当员工积极性不高的时候，一定是与上级存在某种沟通上的障碍，通过讨论消除障碍，提高员工积极性，不失为一种双赢的做法。二是上级在安排工作时要让员工了解事情的背景和原因。传统管理模式下，上级给下级布置任务时只需说明要求，下级必须遵照执行。可是，管理级别高并不意味全能。三是在任务执行的实际过程中，如遇到意外情况，可以尝试让员工提出解决方案。专业技术员工可能提出更加合理化的方案，不同的管理级别也能代表不同范围团体的利益、不同的思考角度。因此，让员工提方案而由项目经理审批绝不意味着员工领导项目经理。相反，是用员工的专业角度弥补项目经理的不足，使决策更加合理化。四是通过培养员工的全局观念，帮助其了解他们每一步行动产生的多米诺效应。这种思维有助于创造一种氛围，可以充分调动员工的积极性，让员工了解自己在公司的今天和未来所起的作用，从而提高工作效率。

7.3.3 加强组织内部建设，减少心理契约的违背

在心理契约缔结的过程当中，有时会遇到心理契约遭到违背的情况。组织对自己许下的承诺不能够兑现，而对员工又没有合理的解释，一段时间后便可能导致心理契约的违背。造成的直接后果是员工产生负面情绪并将这种情绪带到工作中去，降低工作绩效。此外，对组织来说人力资源成本上升，员工队伍的稳定性会相应降低。为了有效地防止心理契约遭到违背，组织需要在最开始招聘的时候就对员工提供真实有效的信息，避免招聘人员对员工做出难以兑现

的承诺。建立关系型心理契约并通过不断地沟通交流了解员工和组织之间建立的心理契约是否实现。通过不断地培训使新生代员工与组织之间的心理契约达到平衡，除此之外还需要实施科学的职业生涯规划以拓展新生代员工发展空间并建立科学的薪酬体系和绩效考核制度维护心理契约，从而使新生代员工与组织之间的心理契约达到平衡，保持新生代员工队伍的稳定性。新生代员工进入组织之后，组织应当加强信息的沟通。避免由于心理契约内容的主观性和内隐性，使得双方对心理契约内容的理解存在偏差，要通过不断地沟通减少理解歧义带来的消极情绪，还可以使新生代员工对组织当前和未来的发展状况有清楚的认识，帮助其建立合理心理预期，减少心理契约违背的产生。具体来说，要做到以下几点。

首先，在思想上必须认识到员工心理契约违背对于企业的负面影响，坚持人本管理，规避“思想误区”。在企业的发展过程中，管理者都非常注重正式的企业制度建设，注重正式的有形的文字契约，而容易忽略无形的心理契约，这是管理决策上的一个“思想误区”。只重权益而不顾责任履行的做法，必然会导致员工的心理契约违背，降低管理效益。组织制度和纸上契约并非万能的，如果没有员工心理契约的履行，再严厉的制度和纸上契约也难以保证员工内心的忠诚和工作上的尽心尽力。因此，企业管理层首先必须从思想上重视员工心理契约违背这一重要心理现象，坚持以人为本，重视员工的心理期望，加强责任意识和履行责任的意识，从而增强自我约束和自我控制，以达到规避员工的心理契约违背，提高企业的工作效率。

其次，在员工管理上，必须明确员工和企业双方的责任。减少低于员工期望事件的发生，规避“责任误区”。员工心理契约中的组织责任和员工责任均由现实责任和发展责任构成。组织现实责任是指组织为员工担负的维持员工当前正常工作生活所必需的面向现在的责任义务。员工现实责任是指员工为组织担负的维持组织当前正常活动所必需的面向现在的责任义务。如尽心尽力地完成组织的工作任务，忠于职守，爱岗敬业，等等。而员工发展责任是指员工为组织担负的维持组织长期发展所必需的面向未来的责任义务。如不断提高自己的工作技能，能真正做到与组织“同呼吸，共命运”，为组织的发展出谋献策，等等。企业在选拔晋升、岗位设计、薪酬设计，特别是进行组织变革的时候，要加强与员工之间的沟通和交流，以明确员工和企业双方各自的现实责任和发展责任，规避“责任误区”，从而减少双方的不确定性、误解及冲突，减少低于员工期望事件的发生。缓解员工心理契约违背的程度，激发员工的工作积极性和主动性，提高企业管理的绩效。

最后，在管理决策上，必须明确员工不同群体在心理契约内容上的差异，减少盲目决策，规避“决策误区”。员工的心理契约不仅具有动态性，而且还具有差异性。这里所说的差异性是指不同员工个体或群体的心理契约的内容不同。不同经济状况、不同文化水平、不同地区、不同行业、不同职务的员工其心理契约的内容也各不相同，他们对组织的期望不同，这就要求我们在管理决策中要分别对待，切忌“一刀切”。只有这样，才能减少决策的盲目性，规避“决策误区”，提高管理决策的质量。员工主观心理契约违背感对组织会产生很大的负面影响，因此组织有必要采取一定的管理对策来消除和减少主观心理契约违背感的产生。

7.4 提升员工的幸福感，降低其离职意愿

7.4.1 维持工作与家庭平衡，增强员工幸福感

工作家庭关系平衡（Work & Life Balance）是指组织中的员工除了过职业生活外同时还在经历家庭生活。家庭对员工本人有重大意义，也会给职业生活带来许多影响。工作与家庭间的潜在冲突对职业生活的影响甚至超过个人发展目标对职业的影响。实际上，除了工作和家庭之外，员工还有自己的个人生活空间和自我发展问题。每一个员工都需要将一部分时间和精力投入到自我发展区，如自己的业余爱好、社团生活、友谊等，也需要将一部分时间和精力投入到工作区，还需要把一部分时间投入到家庭生活区。这三者之间并非相互独立、互不影响，而是经常会相互挤占对方的时间，产生冲突和矛盾。所以，新生代员工要平衡自我、工作与家庭的关系，尤其是出现问题时，不能选择逃避或掉以轻心，而是要努力寻求解决办法，及时解决问题，从而减少自身的心理负担，释放压力，增强幸福感。

“体面劳动，幸福生活”就是指员工能够在努力快乐工作的同时，也能享受生活、家庭带给他们的幸福。现在社会竞争越来越激烈，人们必须同时担任工作和家庭双重角色，这种角色冲突为员工带来了沉重的精神压力和生活压力。双重角色的压力不仅会影响员工的工作态度，也会影响员工的工作行为，致使他们无法很好地兼顾家庭和生活，间接影响到工作绩效，给组织的发展带来不利影响。因此，企业应努力平衡员工的工作—家庭冲突，了解不同员工在不同发展阶段所面临的家庭困难和工作难题，以便采取有效的措施去平衡这种角色

冲突，减少员工的后顾之忧，使他们能安心工作。例如实施家庭支持计划，员工子女教育帮助计划，弹性工作制，等等。通过提高员工的工作—家庭平衡幸福感，来增强组织的竞争力。此外，建立工作—家庭平衡计划，这是组织人力资源开发计划的重要组成部分，它可以有效地帮助员工协调和平衡工作—家庭冲突。一般来说，该计划的实施需要做好以下四项工作。

（1）加强与员工的信息沟通，及时了解和切实关心员工的家庭困难，有针对性地给予帮助，如提供弹性工作制、建立婴儿与老人照料中心等。

（2）向员工提供家庭问题和压力排解的咨询服务。如设立专门机构，选配专业人员，向员工提供家庭问题或心理问题的咨询服务。例如，EAP（员工援助计划）就是解决员工工作—家庭平衡问题的重要途径之一。

（3）实施职务分担制度，即由两名或多名员工共同承担某项全职工作，以便员工有时间照料家庭。

（4）组织支持性服务，如对员工进行两性关系、婚姻家庭、亲子教育方面的培训以及灵活的福利计划等。

7.4.2　增强新生代员工对幸福的感知，降低其离职意愿

员工的晋升不仅能使员工感知到企业对其工作成绩的奖励，也能够从成就感、愉悦感与工资福利待遇提升两方面增强员工的幸福感受，对于渴望实现自我价值与成功的新生代员工来说非常重要。新生代员工占比 50% 以上，企业要拓宽晋升渠道，为新生代员工创造多角度、全方位晋升感知。例如，可以通过宽带薪酬为其带来更多的物质回报，增加学习培训的机会或学历进修让他们获

得成长，作为储备干部给予他们肯定与希望等，这些都可以在一定程度上增强新生代员工的工作信心和成就感，缓解这一群体的晋升压力，也能显著增强新生代员工对幸福的感知。一般来说，员工幸福感越强对离职意愿的形成产生的抑制作用就越大。当新生代员工具有对工作幸福感，表明员工对当前工作感到满意，认为工作有趣且富有意义，这样他们就愿意继续留在组织中工作，其离职意愿就较低。此外，员工的生活幸福感可以通过社会互动机制产生家庭—生活冲突或增益来影响工作幸福感，进而影响员工在组织中的认知与行为，因而员工的生活幸福感越高，其离职意愿越低。

新生代员工处于知识快速更新的时代，瞬息万变的互联网环境导致新生代员工缺乏耐性、变动速度较快，稍不如意就离职的现状让新生代员工无法真正融入组织。因此，新生代员工要端正自己的工作态度，踏实工作，不能急于求成，遇到问题时要积极寻找解决办法，而不是去离职。新生代员工要想在竞争激烈的人才市场中站稳脚跟，必须加强学习，不断提高自身价值，在发挥个人特长的同时，懂得相融他人长处，更好地加速个人成长，提高自身对组织的认同度，提高工作投入，增强对企业的感情，从而增强幸福感。此外，新生代员工需全方位拓宽自身成长空间，充分实现自我，满足自身成就感，并提升个人影响力。笔者在实地调研中发现，新生代员工表现欲望强烈，渴望得到关注，具有较强的成就导向，希望成为有影响力的人。因此新生代员工需对自身有明确的认识，对自己的未来有明确的目标，用发展的眼光，做长远的规划，可以不断尝试挑战突破自我，主动在企业中从事不同的岗位工作，并积极寻求反馈，在总结中进步与成长，培养学习意识，提高自我价值，为自身成长创造条件，让自己能够获得完成工作的满足感与成就感，提高自己的工作积极性，从而提升工作中的幸福感，实现良性循环。对企业来说，在面对新生代员工时，不能机械地套用过去的管理手段，而应根据新生代员工的价值观念、行为偏好等创新员工管理方式，对其工作内容与职业成长规划进行科学设计，制定相关家庭支持政策，提高员工的心理需求满足，从而提升员工的幸福感，降低其离职意愿。

7.4.3　建立幸福企业文化，提升员工的幸福感

一个好的企业，其文化体系和精神基因是需要不断沉淀和传扬的。这种企业文化，也关系到组织的存续和发展。从某个程度上来说，这种文化的实际重要性和价值性，绝不亚于企业的生产经营和内部管理。对于一个组织的内部管理而言，企业文化内涵的建设，是一门应用性和实践性都很强的必修课程。从本质上来说，它能够让整个组织不断得以潜在性的延续。企业文化的幸福感的构建和获得，不是企业领导层一朝一夕就能完成的工作任务。它需要在充分调研的基础上，运用相关的理论和方法，对企业的管理特点、精神气质、文化内涵等方面进行内涵式的挖掘和积淀。幸福的企业文化体系可以增强企业凝聚力，增强企业员工的隐性战斗力，提升企业经营的全面竞争力。

幸福企业文化的愿景是让更多企业成为“幸福企业”，幸福企业文化的建设，要具体落实到企业管理中，让新生代员工真正地得到体验，这就要求管理者对新生代员工给予关注并及时沟通。如以聊天或其他形式关心员工的内心世界，还可以组织员工家属参观或体验员工工作部门、岗位的活动。让家属明白员工平时工作的辛苦，支持员工的工作。加强员工之间的情感关怀。又如，可以多

组织员工进行多种形式的集体活动，以这种形式来提升企业凝聚力，同时可以加强不同部门之间员工的交流。

概括起来说,现代幸福企业文化的构建和建设,应该是“三位一体”式的产物，即企业的高层领导、中层管理、普通员工三者统一的“合力”。这样的企业幸福文化才能获得到企业上上下下的共同拥护和认可，也才能具有持久的生命力。要想达到这样的理想状态，只有一种途径，就是充分发挥和保护新生代员工的热情和积极性，在实际工作中培育新生代员工的担当意识；与此同时，在企业文化建设过程中也要不断树立模范和榜样，加强对所属员工的持续性关怀，使企业文化不断融入人心。

第八章　结论与研究展望

心理契约是联结组织和个体的纽带，对员工的工作满意度、工作激情、工作归属感、工作幸福感、工作绩效等具有非常重要的影响。然而调查研究发现，我国企业员工的工作幸福感水平并不是很高，而且整体幸福指数偏低，同时研究表明他们在工作中存在大量的负情绪，工作积极性和工作绩效水平不高，大部分员工存在不同程度的离职倾向。与此同时，在社会责任运动背景下，我国企业仍存在很多社会责任缺失现象，特别是心理契约违背等现象使得员工和企业的劳动关系日益紧张，严重挫伤了员工对企业的忠诚度。这种情况下，员工的工作积极性降低，使员工产生离职倾向。为此，本书在回顾历史文献的基础上，通过问卷调查和数据分析，对心理契约、幸福感和离职倾向三者之间的相互关系进行探索研究，并得到以下主要结论。

（1）实证研究表明，在不同人口统计变量下，对各变量的分析结果各异：性别不同，对心理契约变量没有显著影响，对员工的生活幸福感、工作—生活平衡幸福感有显著影响，对离职倾向没有显著影响；年龄不同，对心理契约的员工关系维度、组织关系维度有显著影响，对生活幸福感维度有显著影响，对离职倾向有显著影响；学历不同，对心理契约的员工交易维度、组织交易维度有显著影响，对工作幸福感维度有显著影响，对离职倾向无显著影响；员工不同的生活状况，对心理契约的员工交易维度有显著影响，对生活幸福感维度和工作—生活平衡幸福感维度在不同水平上有显著影响，对离职倾向有显著影响；不同工龄，对整体心理契约和心理契约的团队成员维度有显著影响，对整体幸福感、生活幸福感和工作在不同水平有显著影响，对离职倾向无显著影响。

（2）从研究变量的相互关系看：一是心理契约与幸福感。通过相关分析，心理契约、员工交易、员工关系、团队成员、组织交易、组织关系和契约履行与幸福感、生活幸福感、工作幸福感和工作—生活平衡幸福感均在 0.01 水平上显著正相关，说明心理契约不同维度与员工幸福感具有密切关系；通过回归分析，心理契约、员工交易、员工关系、团队成员、组织交易、组织关系、契约履行与幸福感均达到了显著水平，心理契约及其不同维度均对幸福感具有正向预测能力。二是心理契约与离职倾向。通过相关分析，心理契约、员工交易、员工关系、团队成员、组织交易、组织关系和契约履行与离职倾向在 0.01 水平上显著负相关，说明心理契约不同维度与离职倾向具有密切关系。其中交易型心理契约与离职倾向呈弱的负相关关系，而关系型心理契约与离职倾向呈较强的相关关系，即关系型契约对离职倾向的影响更大。通过回归分析，心理契约的六个维度（员工交易、员工关系、团队成员、组织交易、组织关系、契约履行）对离职倾向达到显著水平，心理契约及其各维度均对离职倾向具有负向预测能力。三是幸福感和离职倾向。通过相关分析，幸福感及其各维度与离职倾向均在 0.01 水上显著负相关。通过回归分析，幸福感与离职倾向达到显著水平，幸福感对离职倾向具有一定负向预测力。

（3）从中介作用检测结果看，在员工交易、员工关系、团队成员、组织交易、组织关系、契约履行六个维度和离职倾向之间，幸福感起到部分中介作用。

（4）本书基于演化博弈分析了员工和组织心理契约缔结过程的动态演化规律，并计算得出复制者动态方程的雅可比矩阵，研究表明员工与组织都要履行自己应当承担的责任，才能形成稳定的心理契约关系，实现各自的利益最大化。

（5）本书以山西移动公司为案例，对新生代员工工作幸福感及离职意向进行了实证分析。研究表明，心理契约对幸福感、离职倾向均有直接影响并且通过了统计检验；心理契约对幸福感的直接效应是 0.50，这说明员工在工作时会从组织行为或同事交往中增强自身的满足感，提升自己的幸福感。心理契约到离职倾向的未标准化路径系数是 –0.60，则心理契约到离职倾向的直接效应是 –0.60。这说明当其他条件不变时，“心理契约”每提升 1 个单位，“离职倾向”将直接降低 0.6 个单位。此外，根据 AMOS 给出的分析结果，只有心理契约与离职倾向之间存在间接效应，需要关注的是幸福感对离职倾向的各个测量题项均存在间接效应，与实证部分得出的幸福感具有中介作用的结果相契合。由此证明了前面的结论，山西移动公司员工的心理契约对离职倾向的影响是多方面的。

参考文献

ALAN C，2008. 积极心理学——关于人类幸福和力量的科学 [M]. 郑雪，等，译 . 北京：中国轻工业出版社：82.

ARGYRIS C，1960．Understanding organizational behavior.London [M]. Tavistock Publications.

FARTH J L，TSUI A S，XIN K R，et al.，1998.The influence of relational demography and Guanxi: the Chinese case [J]. Organization Science（4）：471-488.

IVERSON，RODERICK D，2009. An event history analysis of employee turnover：the case of hospital employees in Australia [J]. Human Resource Management Review，37（5）：57-68.

LUTHANS F, YOUSSEF C, AVOLIO B J, 2008. 心理资本——打造人的竞争优势 [M]. 李超平，译 . 北京：中国轻工业出版社：106.

NASH J，1950. Non-cooperative games [D]. Ph. D. thesis，New Jersey:PrincetonUniversity.

ROBINSON S L，KRAATZ M S，ROUSSEAU D M，1994. Changing obligations and the psychological contract：a longitudinal study [J]. Academy of Management Journal（37）.

ROGER R H，2004. 改变心理学的 40 项研究 [M]. 白学军，等，译 . 北京：中国轻工业出版社：63.

ROUSSEAU D M,TIJIORIWALA S A，1996. It takes a good reason to change a psychological contract [C]. San Diago Symposium at the SIOP Meetings（1）：289-298.

ROUSSEAU D M，1990．New hire perceptions of their own and their employer’s obligations:a study of psychological contracts [J]. Journal of Organizational Behavior（11）：389-400.

ROUSSEAU D M，1995．Psychological contracts in organizations：understanding written and unwritten agreements [M]. California：Sage.

SCHEIN E H，1980. Organizational psychology [M]．New Jersey:Pren-tiee Hall.

SNYDER C R，2002. Hope theory:rainbows in the mind [J]. Psychological Inquiry，13（4）：1047-1084.

TAYNARD P D，1978. Jonker L.B.Evolutionarily stable and game dynamics [J]. Mathematical Biosciences，40（1-2）：145-156.

WEIBULL W，1995. Evolutionary game theory [M]. Cambridge：MIT Press.

ZEFFANE,2009. Rachid.understanding employee turnover:the need for a contingency approach [J]. International Journal of Manpower，23（15）：22-38.

巴鲁，陈涛，2005. 职业生涯管理教程 [M]. 孙涛，译 . 经济管理出版社：45.

班杜拉，2003. 自我效能：控制的实施 [M]. 缪小春，等，译 . 上海：华东师范大学出版社：61.

蔡坤宏，2000. 华进集团员工满意度、工作投入、组织承诺与离职倾向之研究 [D]. 广州：中山大学 .

曹国兴，何秀花，2008. 国内员工援助计划相关研究述评 [J]. 企业科技与发展（10）：15-16.

曹新美，刘翔平，2008. 从习得无助、习得乐观到积极心理学——Seligman 对心理学发展的贡献 [J]. 心理科学进展（4）：562-566.

陈朝益，2010.“新生代员工”呼唤“新领导力”[J]. 人力资源（5）：42-44.

陈刚，2010. 裁员背景下心理契约违背、组织支持感与工作幸福感的关系研究 [D]. 杭州：浙江大学 .

陈孟君，2014. 小微企业知识型员工流失控制研究——基于心理契约视角 [J]. 福建江夏学院学报，4（2）：22-28.

陈思邈，张伟，2013. 某制造企业青年产业工人幸福感与离职倾向研究 [J]. 工业工程与管理，18（3）：134-140.

程垦，林英晖，2017. 组织支持一致性与新生代员工离职意愿：员工幸福感的中介作用 [J]. 心理学报，49（12）：1570-1580.

程思，2017. 85 后知识型员工心理契约及管理策略研究 [D]. 北京：北方工业大学.

程兆谦，2001. 购并整合中的心理契约重构 [J]. 当代财经（1）：75-78.

丁晨光，2018. 新生代员工心理契约破裂与离职倾向关系的实证研究 [D]. 武汉：武汉体育学院.

丁夏齐，龚素芳，2011. 国内 80 后员工组织行为研究述评 [J]. 人力资源管理（11）：75-79.

杜文含，刘平，2016. 基于心理契约视角的 90 后新生代员工激励机制的研究 [J]. 石河子科技（6）.

段晓琛，高恒，2016. 企业与新生代员工构建心理契约相关问题探析 [J]. 时代金融（3）：210-211.

范丹，2009. 心理契约理论研究、应用及测评方法述评 [J]. 科技管理研究，29（9）：291-293.

风笑天，2012. 青年婚配类型与夫妻关系——全国五大城市 1216 名已婚青年的调查分析 [J]. 社会科学（1）：87-94.

冯骥，2010. 员工心理契约、幸福感与工作绩效关系模型研究 [D]. 南昌：南昌大学.

冯书娟，2013. 企业员工薪酬公平感、主观幸福感与离职倾向的关系研究 [D]. 兰州：兰州大学.

高红英，苗元江，2006. 国外幸福感研究的发展轨迹 [J]. 井冈山学院学报（自然科学版），27（2）：76-77，81.

谷水亮，鞠彦兵，马海燕，2010. 自然状态和信息不对称条件下对代理人的激励和约束模型 [J]. 工业工程，13（3）：21-24.

郭本禹，姜飞月，2008. 自我效能理论及其应用 [M]. 上海：上海教育出版社：66.

郭彤梅，2016. 基于心理契约的知识型员工激励机制研究 [J]. 经济问题（10）.

郝大山，2016. 新生代知识型员工离职管理研究 [J]. 山东社会科学（5）：185-188.

何发平，唐琦明，2008. 心理契约违背与员工离职问题探讨 [J]. 商业时代（19）：41-43.

何蕊，2013. 新生代农民工心理契约破坏与组织公民行为：心理资本的中介作用 [D]. 沈阳：沈阳师范大学 .

何小文，2016. 心理契约违背与离职倾向的关系：工作疏离感与心理弹性的作用研究 [D]. 广州：华南理工大学 .

洪怡恬，2005. 博弈分析在人力资源管理中的应用 [J]. 宁波广播电视大学学报（1）：27-29.

侯杰泰，温忠麟，成子娟，2004. 结构方程模型及其应用 [M]. 北京：教育科学出版社：76.

胡宇辰，詹宏陆，2014. 基于心本管理的企业员工幸福感提升分析 [J]. 江西社会科学，34（6）：234-239.

胡月明，2011. 企业人力资源管理问题的实证研究——基于博弈论的视角 [J]. 经济研究导刊（12）：106-108.

黄菲，史虹，史丹青，2016. 工作幸福感对知识型员工离职意向影响的实证研究 [J]. 世界科技研究与发展，38（4）：905-909.

黄文平，彭正龙，赵红丹，2015. 创业团队成员心理契约影响因素的探索性研究 [J]. 上海管理科学，37（4）：33-37.

黄雪嫔，2016. 企业员工幸福管理研究——人力资源管理角度 [J]. 海峡科学（6）：126-129.

黄叶，蔡伟民，2013. 心理契约与知识型员工离职倾向相关性的实证研究——以 H 公司员工为例 [J]. 西南民族大学学报 · 自然科学版，39（3）：451-455.

黄昱方，张璇，2016. 角色清晰对员工敬业度的影响研究：一个被中介的调节模型 [J]. 中国人力资源开发（5）：76-84.

贾伟，2018. 心理契约视域下新生代员工幸福感提升策略研究 [J]. 对外经贸（8）：118-119.

金艾裙，2011. 高校青年教师心理契约违背及其规避 [J]. 江苏高教（3）：96-97.

李冰，牛源，2015. 基于心理契约的营销人员激励机制研究 [J]. 中国管理信息化（5）.

李华，2015. 心理契约履行对新生代知识型员工离职倾向的影响研究 [D]. 济南：山东大学.

李林英，李健，2011. 心理资本研究的兴起及其内容、视角 [J]. 科技管理研究（22）：147-151.

李梅，2014. “85 后”知识型员工激励问题探析 [J]. 东方企业文化（11）：140.

李胜兰，2005. 基于心理契约的知识型员工激励对策探讨 [J]. 江西社会科学（12）：108-110.

李霞，2011. 基于知识视角的服务企业员工创新行为研究 [D]. 上海：东华大学.

李晓，2005. 中学教师心理契约的结构、类型及违背效应研究 [D]. 山东：曲阜师范大学.

李焰，赵君，2005. 大学生幸福感及其影响因素的研究 [J]. 清华大学教育研究（S1）：168-174.

李燕萍，夏天，2014. 新生代员工自我差异及其工作态度和行为的关系模型构建 [J]. 华东经济管理，28（11）：128-131，171.

李原，郭德俊，2006. 员工心理契约的结构及其内部关系研究 [J]. 社会学研究（5）：151-168，245.

李原，郭德俊，2002. 组织中的心理契约 [J]. 心理科学进展（1）：83-90.

李志坚，2012. 企业高层管理者生态位评价与演化实证研究 [D]. 长沙：中南大学.

廉串德，陈人语，2011. 跨文化心理学——希望理论与自我效能理论的适应性对比 [M]. 北京：社会科学文献出版社 :12.

林枚，李隽，曹晓丽，2010. 职业生涯开发与管理 [M]. 北京：清华大学出版社、北京交通大学出版社：91.

林武，2016. 酒店员工工作压力、组织支持感与离职倾向关系研究 [J]. 江南大学学报（人文社会科学版），15（2）：98-103.

凌玲，凌红，2018. 基于新生代员工内部代际差异的组织管理策略研究 [J]. 江苏商论（8）：99-103.

刘彬，2016. 工作幸福感、组织认同对工作绩效的影响研究 [D]. 山西财经大学.

刘慧婷，郑林科，王翠玲，2013. 希望与乐观：引导人生成功的积极心理力量 [J]. 中国健康心理学杂志（11）：1757-1759.

刘强，荆忆寒，2013. 心理契约视角下的知识型员工激励机制研究 [J]. 产业与科学论坛（1）.

刘向阳，李帆，2013. 基于心理契约的知识型员工激励机制的研究 [J]. 技术经济与管理研究（11）.

刘晓，黄希庭，2010. 社会支持及其对心理健康的作用机制 [J]. 心理研究（3）.

刘志军，2009. 乐观主义——一种重要的积极人格 [M]. 湖南：湖南人民出版社：2.

刘智强，廖建桥，李震，2006. 员工自愿离职倾向关键性影响因素分析 [J]. 管理工程学报，20（4）：142-145.

路桑斯，等，2007. 心理资本 [M]. 北京：中国轻工业出版社：102.

罗力，2011. 知识型员工工作压力、工作幸福感与离职倾向的关系研究 [D]. 武汉：武汉理工大学.

罗慰心，2008. IT 企业 80 后员工组织认同及其相关因素的实证研究 [D]. 广州：暨南大学.

吕翠，杨培兴，周欢，2010. 从富士康员工“12 跳”谈新生代员工管理 [J]. 经营与管理（6）：20-22.

吕勤，吴玉华，童时萍，2016. 饭店员工主观幸福感、情绪智力、情绪劳动策略对离职倾向的影响研究——一个中介调节路径模型 [J]. 中国人力资源开发（2）：43-51.

马俊生，2016. 论新生代知识型员工的激励与管理 [J]. 山东社会科学（2）.

马娜超，2015. IT 企业员工心理契约违背、工作倦怠与工作幸福感的关系研究 [D]. 河北：河北经贸大学.

马志强，李钊，朱永跃，2011. 基于心理契约的企业员工行为选择博弈分析 [J]. 工业技术经济（7）：26-29.

孟茹，2017 基于薪酬管理视角的员工流失率研究——以芜湖市中小企业为例 [J]. 管理研究院（8）：62-63.

穆峥，谢宇，2014. 生育对父母主观幸福感的影响 [J]. 社会学研究，29（6）：124-147.

倪渊，2017. 基于互联网创业公司的新生代知识型员工离职倾向影响因素实证研究 [J]. 北京理工大学学报（社会科学版）（1）：108-115.

倪渊，2017. 新生代知识型员工离职倾向影响因素——基于互联网创业公司的实证研究 [J]. 北京理工大学学报（社会科学版），19（1）：108-115.

聂琼，叶茂春，薛军辉，2015. 独立学院教师工作压力与离职倾向的关系：工作满意度的中介作用 [J]. 吉林广播电视大学学报（5）：48-49.

齐义山，2010. 知识型员工创新行为的心智模式研究 [J]. 中国科技论坛（1）：122-127.

钱龙，钱文荣，2015. 农民工离职意愿的影响因素及其代际差异——基于工作价值认可视角和 729 份问卷数据 [J]. 湖南农业大学学报（社会科学版），16（3）：37-42，69.

钱世茹，徐自强，王灵巧，2015. 新生代员工心理契约破裂和离职倾向的关系研究 [J]. 管理理论与实践（2）：102-113.

强萌，2015. 上海高技术企业女性海归知识员工心理契约与工作幸福感关系研究 [D]. 上海：华东师范大学 .

饶育蕾，何清泉，2010. 基于公平的博弈学习模型及其实验研究 [J]. 系统工程，28（5）：48-53.

任俊，2006. 积极心理学 [M]. 上海：上海教育出版社：85.

赛伯特，2009. 韧性——寻找压力之下的韧性，在逆境中反弹 [M]. 杨柳，译 . 北京：中国人民大学出版社：5.

邵丹，黄小谷，2013. 新生代知识型员工心理资本对离职倾向的影响研究——主观幸福感为中介变量 [J]. 长沙民政职业技术学院学报，20（4）：22-24.

邵弯，2011. 心理契约视角下高校教师离职倾向研究 [J]. 理论研究科技风（1）：176-177.

侍敏莉，2017. 青年科技人员心理契约、工作满意度和离职倾向关系实证研究 [J]. 现代商业（3）：52-53.

司远峰，2015. 基于心理契约的 90 后知识型员工离职倾向研究 [D]. 南京：南京航空航天大学 .

斯奈德，洛佩斯，2013. 积极心理学——探索人类优势的科学与实践 [M]. 王彦，等译 . 北京：人民邮电出版社：171.

宋丹，谭江涛，2016. 物流企业员工工作压力与离职倾向关系的实证研究 [J]. 价值工程，35（13）：240-242.

孙峰，2010. 心理契约对私营企业员工离职倾向的影响 [D]. 青岛：中国海洋大学 .

孙国霞，2012. 心理契约、工作幸福感与图书馆员工工作绩效的关系研究 [J]. 科技信息（19）：95-96.

孙艳普，2012. 幸福管理在企业人力资源管理中的应用 [J]. 天津职业院校联合学报，14（12）：89-91.

田坤，杨崇森，2011. 博弈论在人力资源管理中的应用分析 [J]. 人力资源管理（6）：32-34.

万黎，夏凌翔，2004. 试论幸福感与健全人格的关系 [J]. 西南师范大学学报（人文社会科学版）（6）：19-21.

万希，杨萍，2009. 基于知识管理的人力资源管理环境改善 [J]. 云南财经（8）：98-100.

王贵军，2011. 知识员工心理契约感知与创新行为关系研究 [D]. 武汉：武汉大学.

王京安，徐昕，2013. 个体文化特征对心理契约构建的影响 [J]. 商业研究（1）：92-96.

王盛，石建伟，周萍，2014. 雇佣关系中员工心理契约的形成研究及其管理启示 [J]. 华东师范大学学报（哲学社会科学版），46（6）：139-145，153.

王伟，2015. 员工心理契约、幸福感和离职倾向的实证研究 [D]. 武汉：华中师范大学.

王祥，2010. 立足有效沟通 培养员工忠诚 [J]. 科技致富向导（18）：20- 39.

王延松，2010. 心理学视野中乐观主义研究的新进展 [J]. 西北师大学报（社会科学版），47（4）：101-104.

王彦红，2016. 基于心理契约的新生代员工激励策略探讨 [J]. 人力资源（20）.

王原宏，2014. 互联网 IT 员工离职动因模型分析 [D]. 北京：北京邮电大学.

王臻，2009. 移动分公司员工心理契约的调查与分析 [D]. 北京：电子科技大学.

王振，2014. 人力资源管理实践对工作绩效的影响作用 [D]. 大连：大连理工大学.

魏峰，任胜钢，李燚，2008. 心理契约违背、满意度对管理者行为的影响机制 [J]. 管理工程学报（2）：141-143.

吴明隆，2013. 问卷统计分析务实——SPSS 操作与应用 [M]. 重庆：重庆大学出版社：238.

吴彤，2001. 自组织方法论研究 [M]. 北京：清华大学出版社.

吴玉，2007. 心理契约与离职意愿的相关性分析 [D]. 南京：南京理工大学.

吴治国，石金涛，2007. 员工创新行为触发系统分析及管理启示 [J]. 中国学报（3）：92-98.
伍晓奕，2007. 新生代员工的特点与管理对策 [J]. 中国人力资源开发（2）.
夏雨时，2015. 新生代员工的特点与管理建议 [J]. 商（6）：44.
向秋华，2007. 基于心理契约的中国企业知识型员工管理创新研究 [D]. 长沙：中南大学.
肖缓，2003. 基于心理契约的知识型员工激励行为模型 [J]. 中国管理学，10（11）：64-69.
谢良鸿，2014. 从招聘透视 80~90 后管理 [J]. 人力资源杂志（1）.
熊敏，刘启华，2006. 推动企业知识管理的人力资源策略 [J]. 商城现代化（5）：221-222.
颜爱民，刘媛，2006. 人力资源生态位概念界定及因子测算 [J]. 生态经济（学术版）（2）：52.
杨东进，冯超阳，2016. 保健因素主导、激励因素缺失：现象、成因及启示——基于“80 后”员工组织激励的实证研究 [J]. 管理工程学报（20）.
杨欣欣，2009. 企业员工工作幸福感的影响因素研究 [D]. 吉林：吉林大学.
姚凯，2008. 自我效能感研究综述——组织行为学发展的新趋势 [J]. 管理学报（3）：463-468.
姚雪，2015. 合肥德邦物流公司新生代员工离职对策研究 [D]. 合肥：安徽大学.
叶文娟，2009. 浅谈基于知识管理的人力资源管理 [J]. 商城现代化（2）：297.
易世志，2013. 新生代高学历员工组织支持感与职业成功的作用机制研究——基于职业承诺和职业生涯管理的双中介分析 [D]. 成都：西南财经大学.
尹彦婳，2015. 新生代员工工作家庭冲突、工作幸福感和离职倾向的关系研究 [D]. 苏州：苏州大学.
余欣欣，李山，郑雪，2012. “青少年乐观问卷”的编制 [J]. 广西师范大学学报（哲学社会科学版）（5）：118-124.
袁凌，黄剑，姚记标，2012. 心理所有权对知识型员工忠诚度影响的实证研究 [J]. 软科学（9）：110-113.
袁庆宏，丁刚，李珲，2014. 知识型员工职业成长与离职意愿——组织认同与专业认同的调节作用 [J]. 科学与科学技术理（1）：156-164.
岳志春，张晓蕊，2007. 民营企业员工心理契约影响因素研究 [J]. 商场现代化（31）：264-265.

张青方，郑日昌，2002. 希望理论：一个新的心理发展视角 [J]. 中国心理卫生杂志（6）：18-21.

张杉杉，2009. 人力资源管理心理学 [M]. 北京：首都经济贸易大学出版社，38.

张体勤，丁容贵，2001. 动态知识团队心理契约的建立 [J]. 德州学院学报（哲学社会科学版）（3）：15-19，34.

张璇，黄昱方，2015. 角色清晰认知、员工敬业度和角色外行为的关系研究 [J]. 人力资源管理（12）：252 -253.

张璇，2016. 角色清晰对员工敬业度的影响机理研究 [D]. 无锡：江南大学 .

张玥，张旭光，2016. 90 后知识型员工工作价值观与离职倾向的关系研究：心理承受力的调节作用 [J]. 中国市场（22）：112-113.

赵励宁，刘涤非，2011. 知识型员工的激励研究 [J]. 吉林省经济管理干部学院学报（4）：17-21.

赵青华，2015. IT 员工工作压力、工作满意度与离职倾向关系研究 [D]. 北京：中国海洋大学 .

赵玉田，崔玉娇，2017. 新生代员工工作价值观与员工建言行为的关系研究 [J]. 天津商业大学学报（3）：63-68.

郑师章，吴千红，王海波，等，1994. 生态学原理 [M]. 上海：复旦大学出版社 .

郑晓璐，2016. 变革型领导风格对新生代员工心理契约的影响机制和管理策略研究 [D]. 杭州：浙江师范大学 .

钟琳佳，2004. 基于知识管理的人力资源管理系统的研究与开发 [D]. 重庆大学 .

周石，2009. 80 后员工“职业观”分析 [J]. 管理世界（4）：184-185.

邹琼，佐斌，代涛涛，2015. 工作幸福感：概念、测量水平与因果模型 [J]. 心理科学进展，23（4）：669-678.

邹循豪，陈艳，2012. 高校体育教师心理契约、工作满意度与组织承诺关系 [J]. 企业家天地（8）：60-63.

附录：心理契约视域下新生代员工的幸福感与离职倾向的调查问卷

尊敬的先生（女士）：

您好！感谢您抽出宝贵时间填写此次调查问卷！

本调查是太原科技大学进行的学术研究调查，旨在真实深入了解新生代员工即“80”后、“90”后的幸福感和企业未来发展之间的紧密联系，从而提高员工的幸福感。问卷所涉及的问题答案没有对错、好坏之分，请您仔细阅读，并根据自己的实际情况进行填写。本问卷采取不记名方式，不会泄露个人信息，希望您能积极参与并放心填写。

在此衷心感谢您的支持与合作！祝您工作愉快、万事如意！

第一部分　个人基本信息

说明：本部分只用于统计分类，请您根据实际情况填写，请您在相应的选项前画“√”。

1. 性别

□男　　□女

2. 出生年份

□ 1980—1984 年　□ 1985—1989 年　□ 1990—1994 年　□ 1995 年以后

3. 学历

□高中及以下　□大专　□本科　□研究生及以上

4. 生活状况

□单身　□已婚，无子女　□已婚，有子女　□离异，有子女

5. 在本公司工作年限

□ 1 年以内　□ 1~2 年　□ 3~5 年　□ 5 年以上

6. 工作以来，调换工作的次数

□ 0 次　□ 1~3 次　□ 4~6 次　□ 6 次以上

第二部分　心理契约调查

说明：本部分是对员工心理契约的调查，包括您对公司的责任、公司对您的责任和契约履行三部分内容。请您仔细阅读，根据自己的实际情况做出得分判断。

A. 您对公司的责任

您对公司的责任如下， 请您根据实际情况做出判断	完全 不同意	比较 不同意	不确定	比较 同意	完全 同意
1. 不支持公司的竞争对手	1	2	3	4	5
2. 如果辞职会提前向公司打招呼	1	2	3	4	5
3. 辞职后仍保护公司的私有信息	1	2	3	4	5
4. 在工作需要时可以加班加点完成工作	1	2	3	4	5
5. 乐于接受挑战性的任务	1	2	3	4	5
6. 了解公司未来发展目标并为之不断努力	1	2	3	4	5
7. 积极参加内部培训，促进个人在公司的发展	1	2	3	4	5
8. 自觉帮助公司做额外的工作而不计较报酬	1	2	3	4	5
9. 工作中能够和同事融洽相处	1	2	3	4	5
10. 工作中有可以依赖和信任的同事	1	2	3	4	5
11. 工作中团队意识强，有较高的集体荣誉感	1	2	3	4	5

B. 公司对您的责任

公司对您的责任如下，请您根据实际情况做出判断	完全不同意	比较不同意	不确定	比较同意	完全同意
12. 公司提供具有吸引力的薪酬	1	2	3	4	5
13. 公司根据员工的工作业绩发放工资和奖金	1	2	3	4	5
14. 公司为员工提供大量的工作培训	1	2	3	4	5
15. 公司为员工提供公司内部发展晋升机会	1	2	3	4	5
16. 公司承诺长期雇佣	1	2	3	4	5
17. 公司为员工提供良好的工作环境	1	2	3	4	5
18. 公司采取新措施前会听取员工的意见	1	2	3	4	5
19. 公司支持员工实现更高的目标	1	2	3	4	5
20. 公司福利待遇好，经常关心员工生活状况	1	2	3	4	5
21. 关心员工家庭并及时提供帮助	1	2	3	4	5

C. 心理契约履行

双方契约履行情况如下，请您根据实际情况做出判断	一点也没有	很少	有一些	相当一部分	很大程度
22. 对目前的公司，我的责任和义务的履行程度	1	2	3	4	5
23. 对目前的公司，我的承诺的履行程度	1	2	3	4	5
24. 对员工，公司的责任和义务的履行程度	1	2	3	4	5
25. 对员工，公司的承诺的履行程度	1	2	3	4	5

第三部分　员工幸福感

说明：本部分是对员工幸福感的调查，包括生活幸福感、工作幸福感和工作—生活平衡幸福感三部分内容。请您仔细阅读，然后根据自己的实际情况做出得分判断。

幸福感描述情况如下，请您根据实际情况做出判断	不符合	有些不符合	介于中间	有些符合	符合生活幸福感
26. 我比较满意自己现在的生活状态	1	2	3	4	5
27. 我的生活方式比较健康	1	2	3	4	5
28. 生活中我有亲密的朋友和家人	1	2	3	4	5
29. 生活中大多数时间都是快乐的	1	2	3	4	5
30. 生活中一些非常重要的东西已经得到	1	2	3	4	5
工作幸福感					
31. 我对目前的工作环境比较适应	1	2	3	4	5
32. 公司制定了完善的绩效考核制度并严格执行	1	2	3	4	5
33. 工作中人际关系状况很好	1	2	3	4	5
34. 工作中我能充分地展示和发挥自己的能力	1	2	3	4	5
35. 我在目前的工作中有好的发展前途	1	2	3	4	5
工作—生活平衡幸福感					
36. 我的工作不会对我的健康产生影响	1	2	3	4	5
37. 我个人的事情和生活并不妨碍我工作的劲头	1	2	3	4	5
38. 即使工作后，我也有时间做自己喜欢的事情	1	2	3	4	5
39. 下班之后，我也可以承担家庭责任	1	2	3	4	5
40. 我能够很好地把握生活和工作之间的平衡	1	2	3	4	5

第四部分　离职倾向（樊景立开发的量表）

说明：本部分是对员工离职倾向的调查，请您仔细阅读，根据自己的实际情况做出判断。

离职倾向描述情况如下，请您根据实际情况做出判断	非常不同意	不太同意	一般	比较同意	同意
41. 我经常想辞去现在的工作	1	2	3	4	5
42. 我打算明年找新的工作	1	2	3	4	5
43. 我现在工作是为了有机会找到一份更好的工作	1	2	3	4	5
44. 如果继续留在这里工作，我的发展前景不乐观	1	2	3	4	5

问卷至此结束，请您仔细检查是否有漏答的项。

再次感谢您对本次调研的帮助！

后　记

经过很长时间的努力，我终于顺利完成了这部作品。从选题到收集材料，从第一稿到反复修改，经历了喜悦、沮丧、彷徨、焦虑、痛苦，心情非常复杂。“雄关漫道真如铁，而今迈步从头越。”伴随着著作接近尾声，一种发自内心的成就感油然而生！

首先，感谢乔中国教授、任利成教授、关海玲教授。他们在百忙之中对我的研究乃至生活等多方面给予了谆谆教诲和悉心关怀。我取得的点滴成绩无不凝聚着他们的殷殷关切之情。当我在实际工作中遇到困难时，他们在引导我，“壁立千仞无欲则刚，海纳百川有容乃大”；当我面对科学的高峰有些彷徨时，他们在鼓励我，“攻坚莫畏难，只怕肯登攀”。多年来各位教授指导我在研究中如何追逐学科前沿，如何思考问题，如何循序渐进地分析、解决问题，这促使我在学术上形成了兼收并蓄的研究习惯和敏感独特的思维方式，使我受益终身。

其次，能够在太原科技大学科技处工作让我倍感幸福。这里就像一个大家庭，良好的环境是一位学者研究学术问题的基石，在此我要感谢科技处处长韩刚教授、董增寿教授等各位领导及同仁，他（她）们为我的著作写作创造了一个相对宽松、自由、良好的环境，让我有更多的时间、精力进行科学研究，本著作的顺利诞生可以说他（她）们功不可没，在此我要感谢所有曾经帮助过我的人。

再次，我要感谢我的学生们。因我工作忙碌，时间和精力也有限，故此他（她）们以极大的热情帮助我收集了部分一手文献资料，从而在一定程度上减轻了我研究工作的压力，坚定了我完成该著作的决心与信心。

最后，我要感谢我的家人们，是他们用最无私最宽容的心去给予我支持和鼓励，让我可以心无旁骛地进行我的学术研究。工作中的风风雨雨，除去笔与纸与我相伴，就是他们一直在默默地支持着我，与我共同分担工作中的艰辛。在我疲累时为我送上一杯暖茶、一句关怀，为我排解所有烦恼，让我倍感荣幸。

感谢知识产权出版社编辑认真而细致的工作！在此同时，还要感谢所有参考文献的作者们，是我站在了巨人的肩膀上，完成了此项研究。

本书的出版，对我而言就意味着一种鼓励，激励我在未来要更加努力和拼搏，继续攀登更加高耸的学术之峰。我想，只有这样才是我对所有帮助过我的人的最好的报答。今后，我会继续以最严谨的态度对待学术研究，用自己的学术成果来回报大家。

马骊

2019 年 2 月 18 日